KÖLN Das Wahrzeichen Dom hat man an der Hohenzollernbrücke auch vom anderen Rheinufer bestens im Blick

LÜBECK Typisch Nordlichter: Selbst ohne Sonne lässt man es sich im Sonnenstuhl an der Obertrave gut gehen

Auf den Stufen an der Elbe vor der »Rickmer Rickmers«: Unser Titelbild zeigt Hamburgs 2019 eingeweihte Hafenpromenade, entworfen von Star-Architektin Zaha Hadid

COCKTAILS VOR DEM TORE

MERIAN-Fotografin Isabela Pacini machte in **Lübeck** natürlich auch am Holstentor Halt. Auf dem Grün vor dessen dicken – und erstaunlich schiefen – Mauern waren bunte Stühle, Bänke und sogar eine kleine Bar aufgetaucht, alles eine Aktion des von der Stadt organisierten Formats »Popup Lübeck«. Isabela war begeistert: von dem Motiv, der Stimmung, der Idee und dem perfekten Platz für einen Drink direkt am Wahrzeichen der Stadt (S. 46).

FANCY FRÜHSTÜCK IN FREIBURG

Stets erkundet **MERIAN-Redakteur Jonas Morgenthaler** (2. v. r.) auch die kulinarischen Seiten seiner Reiseziele. In **Freiburg im Breisgau** (S. 68) war er einen Tag lang mit den beiden Gründern der Bar »One Trick Pony« (l.) unterwegs. Eines der Highlights nach dem tollen Frühstück bei Frédéric Zindler (r.) im »Lollo« (Foto) war das Abendessen in der »Eichhalde«. Dort aß er die zweitbeste Pasta seines Lebens. Einzig die »spaghetti alle vongole« von Christoph Bob (»Il Refettorio« an der Amalfiküste) hat er in besserer Erinnerung.

WACHMACHER IM WESTEND

Guter Kaffee und ein Lächeln: So begann für **MERIAN-Redakteurin Tinka Dippel** ein Tag in **Stuttgart,** an dem es mal nicht um die grandiosen Museen und die bahnbrechende Architektur der Stadt ging – sondern um ihren Geschmack. Stuttgart ist kulinarisch enorm vielfältig, vom frisch gerösteten Kaffee im »Mókoska Caffè« (Foto) über die Stände der Markthalle, den Döner bei »Alaturka«, die Spätzle im Gasthaus »Kochenbas« bis zum Cocktail im ehemaligen Banktresor (S. 104).

FOTOS: TANJA FOLEY, VOLKER RENNER, PIETER-PAN RUPPRECHT

MERIAN cewe

GROSSER FOTOWETTBEWERB
ZEIGEN SIE IHRE BESTEN BILDER

Jetzt mitmachen! Wir suchen Fotos zu DEUTSCHLAND, SCHWÄBISCHE ALB UND LUXEMBURG & ESCH-SUR-ALZETTE

Traumreise für **10 000 €** zu gewinnen

»Die Lust am Reisen« – unter diesem Motto suchen MERIAN und CEWE die schönsten Leserfotos. Senden Sie Ihre Lieblingsbilder aus aller Welt ein! Hauptgewinn ist eine exklusive Tour im Wert von 10 000 Euro: Sie begleiten einen MERIAN-Fotografen auf seiner Recherchereise an ein besonderes Urlaubsziel. Mitmachen ist ganz einfach – und **Sie haben sogar zwei Gewinnchancen!**

In Kooperation mit CEWE, Europas führendem Fotoservice

1. CHANCE: LESERFOTO DES MONATS

Jeden Monat werden Ihre besten Fotos zum nächsten Heftthema gesucht: einfach online hochladen und mitmachen! MERIAN prämiert das beste Leserfoto und veröffentlicht es im Heft (s. S. 8). Die Themen: **Deutschland – unsere Lieblingsorte, Schwäbische Alb und Luxemburg & Esch-sur-Alzette.** Das Motiv darf frei gewählt werden, ob Landschaft oder Straßenszene – der Fantasie sind keine Grenzen gesetzt. Jeder Monatsgewinner erhält einen CEWE FOTOBUCH Gutschein im Wert von 50 Euro sowie ein MERIAN-Jahresabonnement.

2. CHANCE: FOTO DES JAHRES

Jedes hochgeladene Foto hat dazu automatisch die Chance, das Foto des Jahres zu werden. Für diesen Wettbewerb dürfen Sie auch Bilder von anderen Zielen einsenden. Alles, was zum Motto »Die Lust am Reisen« passt, ist erlaubt: Motive von besonders schönen, originellen oder amüsanten Momenten genauso wie Fotos, die im Gedächtnis bleiben. Die Auswahl trifft eine professionelle Jury – und dem Sieger winkt eine exklusive Reise im Wert von 10 000 Euro.

Alle weiteren Infos: www.merian.de/leserfotos

Mit nur einem zusätzlichen Klick können Sie auch am CEWE-Fotowettbewerb »Our world is beautiful« teilnehmen!

FOTOS: TIM LANGLOTZ, ISABELA PACINI, VISIT STOCKHOLM, NATALIE KRIWY

ANETTE SANDER

aus Münster schoss das Leserfoto auf einem City-Trip nach Leipzig, wo sie den Bau der Deutschen Nationalbibliothek für sich entdeckte. »Ich habe die Erfahrung gemacht, dass Bibliotheken ganz oft in sehr interessanten Gebäuden untergebracht sind«, sagt Anette Sander (60), die leidenschaftliche Hobbyfotografin ist. An diesem Haus habe sie die Verbindung der verschiedenen Baustile gereizt. Architektur ist ein Thema, das Anette Sander in der Fotografie sehr interessiert, dabei konzentriert sie sich nicht nur auf Gebäude als Ganzes, sondern ist immer auch auf der Suche nach Details, die sie in ihren Bildern herausarbeitet.

» Das Bild vereint Jung und Alt. In der gläsernen Front spiegelt sich der Jugendstilbau «

FOTOS: ANETTE SANDER, ISABELA PACINI

DAS SAGT DIE JURY

Katharina Oesten, MERIAN-Fotoredakteurin: »Wer oft fotografiert, kennt diese Situation: Da ist ein spannendes Motiv, aber es scheint unmöglich, es in einem einzigen Foto festzuhalten. Oft hilft ein Perspektivwechsel. Mal reicht es, in die Hocke zu gehen, mal muss man einen ganzen Platz erlaufen, um den einen passenden Blickwinkel zu finden. Anette Sander ist das in Leipzig ganz wunderbar gelungen. In der gläsernen Front des Erweiterungsbaus der Deutschen Nationalbibliothek spiegelt sich der alte Jugendstilbau, ihr Bild vereint Jung und Alt – mit Spannung und Raffinesse.«

»Wir sind nicht so die Super-weit-weg-Reisenden.« Am liebsten verwöhnen sich Sarah und Cem bei Städte-Trips in Europa wie hier in Amsterdam (rechts) mit einigen Tagen in einem schönen Hotel

Pärchen-Glück aus dem Bilderbuch

Einzigartige Momente teilen und später strahlend nacherleben: Sarah und Cem Ates sind gerne zusammen in der Fremde – zum Gefühls-Revival gibt's für jede Reise ein neues CEWE FOTOBUCH samt jährlichem Fotokalender

Sarah und Cem treten gerade die größte und spannendste Reise ihres Lebens an: Sie haben geheiratet und bauen in ihrer Heimat ein Haus

FOTOS: CEWE, SARAH & CEM ATES (2)

Ihr bislang letzter Trip war noch mal einer zum Durchatmen – direkt vor der ganz großen gemeinsamen Reise. Eine Woche Ostseeluft schnuppern in Zingst Anfang Juli 2021. Schön sei es gewesen und sehr erholsam, sagt Sarah. »Aber eigentlich mehr so wie ein weiter Ausflug«, ergänzt Cem sofort: »Wenn ich verreise, will ich am liebsten die Fremde schmecken.« Doch das Abenteuer des Lebens hielt für die zwei im Juli ein noch intensiveres Highlight parat als die nächste spannende Tour in die Ferne: Sarah Bierau und Cem Ates aus Leinefelde in Thüringen haben geheiratet! Ganz romantisch auf einer Burg im Eichsfeld, unter pandemischen Umständen im nur 30 Menschen kleinen Kreis von nächster Familie und engsten Freunden. Und trotzdem: »Ein Tag genau so, wie wir ihn uns vorgestellt hatten«, strahlt Sarah.

»Weißt Du noch?« Das Ehepaar sucht auf Reisen ganz persönliche Erlebnisse und sammelt Bilder, die ins CEWE FOTOBUCH einfließen

Seit sieben Jahren sind die Biologielaborantin und der Friseurmeister, beide 30 Jahre jung, jetzt schon ein Paar. Das Sprichwort »Drum prüfe, wer sich ewig bindet« haben die beiden dabei auch auf etlichen gemeinsamen Reisen austesten können – ob nun bei Deutschland-Städte-Trips nach Hamburg, Frankfurt, Leipzig und Dresden oder auch in Weit-weg-Zielen wie Ägypten, Abu Dhabi oder Thailand. Befriedigendes Fazit: Sie haben den Herausforderungen des zweisamen Reisens souverän standgehalten, »wir ticken reisetechnisch ähnlich«, sagt Sarah. Und doch müssen sich auch die zwei Reise-Routiniers nun erst wieder an das Thema herantasten. »Vor Corona hat man ja so seinen typischen Urlaubsrhythmus gehabt«, resümiert Cem, »im Moment gibt es gar kein Gleichgewicht mehr, was jetzt gerade okay ist und was nicht.«

Also müssen zunächst mal Erinnerungen reichen. Die Alltime-Lieblingsreise? Da sind sich beide einig: Abu Dhabi und Dubai waren ganz groß! »Diese Düfte, das Essen, die Leute, der ganze Lifestyle, der Wüstenausflug – das war alles so stimmig«, erinnert sich Cem. »Ich mochte auch das Essen und unser tolles Hotel«, ergänzt Sarah, »die Reise dauerte ja nur eine Woche, aber die war perfekt.« »Weißt du noch, der Außenfahrstuhl am Hotel in Abu Dhabi mit dem Blick auf die große Moschee?«, grinst Cem. Genau das sei es, was das gemeinsame Reisen für ihn ausmacht:

»Downtown« haben die beiden ihr CEWE FOTOBUCH genannt, in dem »unsere schönsten Städte-Trips« versammelt sind«. In der Vorweihnachtszeit werden Sarah und Cem in TV-Werbespots von CEWE zu sehen sein

»Es entstehen so einzigartige Momente und auch Insider-Witze, die du ja mit nur dieser einen Person wirklich teilen kannst – das schweißt zusammen.«

Die beiden haben auch viel über sich gelernt durch die gemeinsamen Unternehmungen: Sie wissen inzwischen, was sie beide mögen – aber auch, was nicht. Thailand etwa war nicht so ihr Ding. »Die Hitze, die Luftfeuchtigkeit, der Jetlag, nachts wach, tagsüber müde«, zählt Sarah auf, »wir sind nicht so die Fernreisetypen, jedenfalls nicht ganz weit weg.«

Fremde ja, aber bitte nicht zu anstrengend: »Wir haben ja nur diese ein bis zwei Wochen im Jahr, und die müssen sitzen.« So haben sich neben kürzeren Städtetouren und dem jährlichen Besuch des Hauses von Cems Eltern in der türkischen Ägäis internationale Reiseziele etabliert in rund vier bis fünf Flugstunden Entfernung. Es sich gut gehen lassen ist das stille

Cem fotografiert gerne Menschen. Sarah ist die Handy-Fotografin. Gemeinsam wählen sie die besten Bilder für ihre Fotobücher aus

Motto, »für uns steht Erholung im Vordergrund«, sagt Sarah. Unterwegs wird sich deshalb vor allem gegönnt: ein cooles Hotel, gerne schön und exotisch essen gehen, sich lange ins Café setzen und dabei Leute gucken. Und fotografieren.

Denn auch das hat sich als Standard etabliert: Aus jeder Reise machen die zwei ein Fotobuch zur Erinnerung. Mal bringen sie sich ein exotisches Album mit und kleben später ausgedruckte Bilder ein. »Unser Buch aus Thailand besteht aus getrockneten Elefanten-Exkrementen«, sagt Cem, »ein richtiges Biobuch«. Aber meist werden die beiden bei CEWE, deren Markenprodukte natürlich auch klimaneutral produziert werden, fündig und suchen sich dort immer neue Fotobuch-Formate aus, »wir sind da nicht festgelegt«, sagt Sarah. Und einen jährlichen Fotokalender mit den besten Bildern gibt's noch obendrauf. Das alles schauen sich dann auch Familie und Freunde gerne an.

Bei dem, was »on the road« fotografiert wird, sind die Vorlieben jedoch unterschiedlich. Für Cem »charakterisiert ein gutes Foto den Ort, an dem ich bin, und mich oder uns gleichzeitig in einem Bild«. Aber er richtet den Sucher der Kamera gerne auch auf die Menschen des Gastgeberlandes. »Wenn einer lacht oder nachdenkt, das fasziniert mich sehr. Aber das mache ich dann auch im Stillen und aus größerer Entfernung, ich will nicht

Klare Struktur und viel Weißraum: Sarah und Cems CEWE FOTOBUCH ist mit der einfachen Layout-Software gestaltet. Ein echtes Schmuckstück

aufdringlich sein.« Dafür nimmt er eine größere Kamera, für die er sich gerade erst ein neues Objektiv gekauft hat.

Handy-Fotografin Sarah dagegen kann sich auch pur an einem tollen Gebäude erfreuen oder an einer exotischen Blüte, »fürs Fotobuch finden wir dann immer einen schönen Mix, ohne Streit.«

So weit, so gut – aber was ist denn nun mit einer Hochzeitsreise?

»Die kommt noch«, grinst Cem, die beiden träumen schon lange von Südafrika oder den USA. Aber zunächst mal ist das nicht drin. Das junge Ehepaar Ates hat nämlich auch ein Grundstück gekauft in der thüringischen Heimat, der Hausbau ist in Planung und erfordert derzeit volle Konzentration. Doch man müsse um sie keine Angst haben, grinst Cem: »Für uns ist ein Haus nur ein Haus – und nicht der Mittelpunkt des Lebens. Wir werden weiter unterwegs sein!« ■

FOTOS: SARAH & CEM ATES, CEWE (3)

Lei

DAS RIQUETHAUS mit seiner Jugendstilfassade und dem pagodenhaften Turmaufsatz erinnert an goldene Handelszeiten – und an die Firma Riquet & Co., einst bekannt für besten Kakao und Waren aus Asien. Noch heute ist hier ein Café zu Hause

DER JOHANNAPARK bietet einen tollen Blick auf den »Uniriesen« (links) und den Turm des Neuen Rathauses. Zum nächsten Park ist es in Leipzig nie weit – wie ein grünes Band ziehen sich Auwälder und Gärten durch die Stadt

pzig

Klein-Paris? Das bessere Berlin? Ach was, Sachsens spannendste Stadt steht für sich. Das Zentrum erinnert an große Traditionen, an Musik, Messen und Handel. Und darum herum lassen sich überall bunte Viertel voller Kunst und Kreativität entdecken

FOTOS: PETER HIRTH (2)

DIE SACHSENBRÜCKE im Clara-Zetkin-Park verwandelt sich nachts oft in eine laute Partyzone. Am frühen Abend aber ist die Stimmung entspannt – und die Brücke wird zur Musikbühne

DIE MÄDLER-PASSAGE, erbaut von 1912-1914, ist ein absoluter Hingucker. Das Glasdach war damals eine Meisterleistung der Ingenieure und hat bis heute nichts von seinem Reiz verloren

DAS NEUE RATHAUS steht an der Stelle der Pleißenburg, die dem 1905 eingeweihten Monumentalbau weichen musste. Die Verwaltung bekam viel Platz – und die Stadt mit dem fast 115 Meter hohen Turm ein neues Wahrzeichen

FOTOS: ISABELA PACINI/LUKAS-SPÖRL; PETER HIRTH

DIE THOMASKIRCHE war fast 30 Jahre lang Wirkungsort von Johann Sebastian Bach. Bis heute ist Leipzig eine Musikstadt, aber ihr größter Star ist nach wie vor der Komponist, an den vor dem Gotteshaus ein Denkmal erinnert

Dem Gaumen nach!

Auf der Suche nach kulinarischen Highlights zog »Falstaff«-Chefredakteur Philipp Elsbrock einen Tag durch Leipzigs Szeneviertel. Sein Guide: Weinbar-Besitzer **Fatih Demirbas,** der ihm zeigte, was die Stadt jenseits des Zentrums alles zu bieten hat

1 Börek to go oder to stay: Das »Brothers« ist ein wichtiger Ankerpunkt im Leipziger Osten **2** Von der Gießerei zum Restaurant: das »Kaiserbad« **3** Philipp Elsbrock unterwegs mit Fatih Demirbas (rechts)

FOTOS: LUKAS SPÖRL, ISABELA PACINI, PIETER-PAN RUPPRECHT (2)

An dem Tag, an dem wir uns treffen, ist Fatih nachts um zwei ins Bett gegangen und um sechs wieder aufgestanden, aber er sieht trotzdem aus, als käme er gerade von einem sechswöchigen Wellnessurlaub zurück: extrem gesunde Gesichtsfarbe, ausgeruht, entspannt. Fatih Demirbas, 32 Jahre alt, ist Besitzer der coolsten Weinbar der Stadt und für heute mein Guide. Schon vor Jahren wurde Leipzig als das bessere Berlin gefeiert, und noch immer passiert hier viel. So soll in bester Lage am Wilhelm-Leuschner-Platz eine neue Markthalle entstehen. Fatih tüftelt gerade an einem grünen Konzept für das Großprojekt. Zukunftsmusik! Uns geht es jetzt erstmal um den Groove der Gegenwart. Wir starten.

Multikulti-Frühstück im rauen Osten

Erste Station ist das »Brothers«. Es nennt sich Bäckerei und Café, ist aber weit mehr als das: Hier treffen sich Menschen aus dem Leipziger Osten, quer durch Generationen, Schicksale, Identitäten. Es gibt Baklava und Blechkuchen, Lahmacun und gefüllte Auberginen. Jetzt zum Frühstück wird köstliches Rührei serviert, etwa mit Sucuk-Wurst oder Champignons und Paprika. Der multikulturelle Treffpunkt liegt direkt an der Eisenbahnstraße. Einst zur »gefährlichsten Straße Deutschlands« gekürt, ist sie heute vielmehr die »experimentierfreudigste Straße«, wenn nicht Deutschlands, so doch zumindest Leipzigs. Fast wöchentlich eröffnen hier neue Cafés und Läden.

Hähnchenbrust und hippes Industrieflair

Im Kombi fahren wir weiter. Hätten wir nicht die Fotoausrüstung dabei, säßen wir längst auf dem Rad. »In Leipzig ist alles fünf Minuten entfernt«, sagt Fatih – so fühlt es sich an. An der Innenstadt vorbei geht es Richtung Westen, in die ehemaligen Industrieviertel Plagwitz und Lindenau. Bevor die junge Kreativszene Leipzigs Osten entdeckte, tobte sie sich hier aus. So ist die zentrale Karl-Heine-Straße zur charmanten Flaniermeile geworden. Im Westwerk, einem zum Kunstquartier umgestalteten Industrieareal, befindet sich das »Kaiserbad«, unser Ziel. Mittagessen! Das Restaurant war früher eine Eisengießerei und wirkt heute wie ein Hipster-Traum. Bunte Tapeten überlagern rohen Stein,

1

2

3

Köstliches Viertel-Hopping

1+2 So macht Einkehren Spaß: Nach leichten Vorspeisen wie diesen Karotten aus dem Nachbarsgarten mit Gewürzjoghurt gibt's im »Pekar« gekonnt belegte Pizzen mit knusprigem Rand **3+4** Cliff Schönemann weiß, wie man Bier braut – und schenkt die frischen Kreationen in »Cliffs Brauwerk« auch direkt aus **5+6** Das Team von Fatih Demirbas' »Renkli« erkennt schnell, welcher Wein den Gästen schmecken könnte. Das dazu servierte Rindertatar ist stadtbekannt

4

5

6

in einer Ecke steht ein Chesterfield-Sofa, in der anderen eines aus Plüsch. Das freundliche Personal empfiehlt: die gebackene Hähnchenbrust mit Ratatouille, Kichererbsen und Miso-Nüssen oder alternativ die vegane »Buddha Bowl« mit Süßkartoffeln, Linsen und Champignons. Bestens als Erfrischung für den Sommer: die hausgemachten Limonaden aus großen Gläsern, zum Beispiel Limette-Gurke.

DDR-Nostalgie in Süß und Authentisch

»Da müssen wir hin«, sagt Fatih. Für ihn ist klar: kein Leipzig-Besuch ohne »Eisdiele Pfeifer«! Auch wenn die Besitzer gewechselt haben und die Chefin mittlerweile Regina Mehlitz heißt. Der Laden ist ein fester Wert in der Südvorstadt, Leipzigs altgedientem Szeneviertel. Sobald es warm wird, stehen hier zig Menschen an, um ein Eis nach Original-DDR-Rezept zu essen. Die Eismaschine ist von 1972. Die Theke? Noch von vor dem Krieg. Das Eis ist nicht so sahnig, wie man es im Westen gewohnt ist, sondern härter. Vier Sorten gibt es ständig, so wie zu Ostzeiten: Vanille, Schokolade, Stracciatella und Erdbeere. Dazu drei wechselnde Sorten – abzulesen an den charakteristischen Schildern. Immer gut läuft der DDR-Klassiker Schwedenbecher: mit Vanilleeis, Apfelmus, Eierlikör und Sahne.

Espresso-Shots und Kuchen statt Neonazis

Für die Nachmittagszeit hat Fatih eine Fahrt nach Reudnitz vorgesehen – oder, wie die Locals sagen, »Dietreutnitz«, in Anspielung auf das heruntergekommene Detroit, was am schlechten Ruf liegt, den das Viertel mal hatte. Inzwischen hat die Gentrifizierung auch hier Spuren hinterlassen, die Häuser sind renoviert, die Mieten gestiegen. Positiver Nebeneffekt: Die Neonazis sind verschwunden. Wir stoppen vor dem Café »Espresso Zack Zack« und bekommen einen doppelten Espresso, den die Südtiroler Top-Rösterei »Schreyögg« eigens für die Leipziger röstet. Die netten Mädels stellen uns noch zwei Stücke Kuchen daneben: leicht zimtigen Carrot Cake und süchtig machenden Cheesecake mit Himbeeren. Würde die Welt untergehen, sollte jeder vorher noch ein Stück von diesen Kuchen essen. Fatih und ich leiden jedenfalls sofort an akuter Cake-Sucht.

Pizza mit Zutaten aus dem Gemeinschaftsgarten

Schon so spät? Zeit für was Warmes! Die vielleicht beste Pizza Leipzigs gibt es im »Pekar«. Die Zutaten für den Belag kommen aus dem »Annalinde-Garten« nebenan, einem der erfolgreichsten Urban-Gardening-Projekte in Deutschland. »Pekar«-Gründer Jakob Ottilinger hat ihn mit etabliert. Mal Auberginen, mal Kürbis, immer Kräuter und manchmal Tomaten – die Auswahl wechselt nach Saison. Die Frische zahlt sich aus: Unsere Vorspeise, Karotte mit Wirsing und Gewürzjoghurt getoppt, schmeckt aromatisch und intensiv. Und die Pizza? Gefällt uns richtig gut und liegt dank der langen Teigführung von mindestens zwei Tagen nicht schwer im Magen.

Köstlicher Halt im Braukeller

Wir laufen durch das idyllische Waldstraßenviertel, als Fatih sagt: »Hier ist es. Willkommen bei Leipzigs erster Micro Brewery.« Echt? Kaum zu glauben. Stimmt aber, denn neben seinem Job bei einem Energieanbieter braut Cliff Schönemann in seiner Freizeit hier im Souterrain Bier. Die Sorten von »Cliffs Brauwerk« wechseln, für den Sommer 2021 etwa hat er die zehnte Pils-Variante abgefüllt. Was dabei herauskommt, hat immer eine fantastische Qualität: Cliff ist von Bier genauso besessen wie Fatih vom Wein. Was ebenso gut ist: Er macht kein Bohei darum, serviert sein Indian Pale Ale nicht in Spezialgläsern, sondern schenkt es einfach aus. »Ich muss hier keine Nadelgehölze riechen und keine Beeren, ich trinke einfach gerne gutes Bier«, sagt er. Kann man so stehen lassen.

Top-Weine, lockere Stimmung und perfekte Gastgeber

Klar endet der Tag im »Renkli«, Fatihs Weinbar. Wir sind alle ganz schön erschöpft, und auch Fatih spricht unterwegs kein Wort mehr. Aber kaum sind wir da, stürmt er in seinen Laden. Schnell nachschauen, ob die Weine kühl genug sind, ob in der Küche alles in Ordnung ist. Läuft! Fatih begrüßt jeden Gast persönlich, fragt, wie es geht, bietet einen kleinen Schluck an. Ende 2016 hat er eröffnet, nicht viel später war sein Lokal schon weit über die Stadtgrenzen hinaus bekannt. Den Wein servieren die Jungs aus dünnwandigen Gläsern des Schweizer Herstellers Gabriel, die Essenskarte ist sehr reduziert: bisschen Käse, bisschen Brot, Chili, Bolognese. Angenehm unprätentiös. Das Tatar schneidet der Chef selbst: aus Rinderhüfte von Leipzigs Premium-Metzger »Materne«. Er stellt Riesling-Sekt von Reichsrat von Buhl in einem Eiskübel auf den Tisch – Champagnerqualität aus Deutschland. Vorab schenkt er einen Top-Riesling aus, 2013er Paradiesgarten des Weinguts Von Winning. Und es wirkt tatsächlich nicht das kleinste bisschen angestrengt, sondern selbstverständlich. Einen besseren Gastgeber kann man sich nicht wünschen. Auf Wiedersehen, Leipzig!

ADRESSEN

Brothers
Eisenbahnstr. 85, bei Facebook

Kaiserbad
Karl-Heine-Str. 93
kaiserbad-leipzig.de

Eisdiele Pfeifer
Kochstr. 20, bei Facebook

Espresso Zack Zack
Albert-Schweitzer-Str. 2
espressozackzack.de

Pekar
Odermannstr. 11
instagram.com/pekarleipzig

Cliffs Brauwerk
Leibnitzstr. 17
cliffs-brauwerk-leipzig.de

Renkli
Karl-Liebknecht-Str. 2
facebook.com/renkli.weinundangst

FOTOS: PIETER-PAN RUPPRECHT (6)

Top 5

1 THOMASKIRCHE

Weltruhm genießt der 1212 gegründete Chor des Gotteshauses, der aus gut 100 Jungen zwischen 9 und 18 Jahren besteht. Und so sind alle Reihen voll, wenn bei der Motette, der musikalischen Andacht am Freitag (18 Uhr) und Samstag (15 Uhr), der Thomanerchor auftritt. Schwerpunkt des Repertoires: die Werke von Bach natürlich, der von 1723 bis 1750 Kantor der Thomaskirche war. Wer dem großen Komponisten noch näherkommen will, geht danach einfach in das Bach-Museum nebenan, das sehr anschaulich durch Werk und Leben des Barock-Meisters führt, der mit 38 Jahren nach Leipzig zog, bis zu seinem Tod blieb und hier unter anderem seine Matthäus- und seine Johannespassion vollendete.

Thomaskirche Thomaskirchhof 18
thomaskirche.org
Bach-Museum Thomaskirchhof 15/16, bachmuseumleipzig.de

2 ZOO LEIPZIG

Sommer? Winter? Egal, die großzügige, zentral gelegene Anlage ist immer beliebt. Im Winter ist das Gondwanaland ein Hit: Unter einem gigantischen Dach gedeiht Deutschlands größter Regenwald – bei verlässlichem T-Shirt-Wetter. 170 Tierarten lassen sich hier entdecken, darunter Schildkröten, Warane, Tapire und Zwergflusspferde. In der Sommerhitze wiederum wirken draußen die Zebras, Flamingos und Giraffen in ihrer gemeinsamen Steppenlandschaft besonders authentisch. Fazit: Man muss den Zoo mindestens zweimal besuchen.

Pfaffendorfer Str. 29, zoo-leipzig.de

3 VÖLKERSCHLACHT-DENKMAL

Fast 100 000 Tote forderte die Schlacht, an die der 91 Meter hohe Koloss erinnert: Im Oktober 1813 brachten bei Leipzig Truppen aus 20 Nationen dem Heer Napoleons die entscheidende Niederlage bei. Dass das 1913 eingeweihte »Völki« die meistbesuchte Sehenswürdigkeit der Stadt ist, muss allerdings kein Zeichen von überhöhtem Patriotismus sein: Viele zieht der grandiose Ausblick an, den man von oben auf Leipzig hat.

Straße des 18. Oktober 100

5 BAUMWOLLSPINNEREI

Viel Platz für ihre Ideen fanden die Kunstschaffenden, die in den neunziger Jahren das ehemalige Fabrikareal mit vier großen Hallen und 16 weiteren Gebäuden für sich entdeckten. Durch den Welterfolg von Neo Rauch wurde dieses Experimentierfeld zum gehypten Hotspot der deutschen Kunstszene. Heute ist die Baumwollspinnerei ein kreativer Fixpunkt in Leipzigs Westen, mit Galerien, Ateliers, Werkstätten, Bühnen, Kino und Café. Unser Tipp: Am besten gleich in einem der »Meisterzimmer« übernachten. **Spinnereistr. 7, spinnerei.de**

4 MÄDLER-PASSAGE

Leipzigs goldene Zeit als Handelsstadt kann man sich hier beim Bummeln besonders gut vorstellen. 1911 kaufte Anton Mädler, Erbe einer Taschen- und Koffermanufaktur, das Grundstück, drei Jahre später ließ er die noch heute prächtigste Einkaufspassage der Stadt eröffnen. Glücklicherweise integrierte er auch »Auerbachs Keller« in das prachtvolle Ensemble. Und so kann man in dem Weinlokal aus dem 16. Jahrhundert bis heute so ausgiebig zechen, wie es Johann Wolfgang von Goethe gerne tat, als er von 1765 bis 1768 in Leipzig Jura studierte. Die schummrige Atmosphäre hat ihn offenbar so beeindruckt, dass er in dem Keller eine Szene seiner Tragödie »Faust I« spielen ließ.

Grimmaische Str. 2-4
maedlerpassage.de
auerbachs-keller-leipzig.de

FOTO: PETER HIRTH

DIE BINNENALSTER **Ursprünglich zum Betreiben einer Kornmühle aufgestaut, ist sie heute eine der Herzkammern der Stadt. St. Petri, Rathaus und Michel überragen die Dächer an ihren Ufern**

DIE OBERHAFENKANTINE **Kaffeeklappen und Kantinen sicherten einst die Verpflegung der Malocher im Hafen. Das windschiefe Häuschen hat die Zeit überdauert und heute Kultstatus**

FOTOS: LARS MEINEL/ADOBE STOCK, OBERHAFEN-KANTINE, MARTIN ELSEN/LUFTBILD.FOTOGRAF.DE/MEDIASERVER HAMBURG

DIE LANDUNGSBRÜCKEN **sind nicht nur während der Hafengeburtstags-Auslaufparade ein guter Platz, um auf St. Pauli Viermaster und Barkassen zu beobachten. Die Fähre Linie 72 legt hier zur Elbphilharmonie ab**

DIE ROOFTOP-BAR »MOON 46« **im »Pierdrei« ist ein Ort zum Wohlfühlen, an dem man seinen Cocktail mit Traumblick genießt. Die Macher wollten einen Gegenpol zu den vielen nackten Dächern der Hafencity**

»... DENN DORT AN DER ELBE, DA WARTET DAS **GLÜCK«,** BESINGT HANS ALBERS SEINE HEIMAT

WASSERSCHLOSS **Es ist das meistfotografierte Gebäude der Speicherstadt, und der beste Standort fürs Foto ist die Poggenmühlenbrücke, idealerweise zur blauen Stunde. Im vorigen Jahrhundert war das Wasserschloss Quartier der Windenwärter und Schuppenvorsteher, die das Be- und Entladen der Speicher kontrollierten. Heute gibt's hier guten Tee und Kaffee, aber auch Fischbrötchen**

FOTO: RALFBRUNNER.EU/MEDIASERVER HAMBURG

STRANDPAULI **Unter freiem Himmel in dieser Beachbar sitzen, den Blick über die Elbe, das Trockendock und die Kräne schweifen lassen. Mehr Hafen geht bei einem Sundowner fast nicht**

DER MICHEL **Für Jahrzehnte das alleinige Wahrzeichen der Hansestadt. Wer 452 Stufen aufsteigt, steht in 82 Meter Höhe. Oder man bummelt zum Großneumarkt (rechts) und schaut durch die Bäume zum Turm hin**

FOTOS: ISABELA PACINI (2)

S

Schon in der Gestaltungsphase unseres Hotels **Pierdrei** stellten wir uns den Blick von ganz oben, also vom Dach, auf die Hafencity vor. Und um einen Gegenpol zu den ansonsten eiskalten, flachen, glatten Rooftops anzubieten, entstand unsere Dachterrasse. Wir nennen sie »Moon 46«. Die Zahl rührt aus unserer Hausnummer am Sandtorkai und »Moon« sagen wir, weil dort oben ein eigener Kosmos entstehen sollte. Das Dach verwächst mit den Pflanzen, die wir dort oben hintransportiert haben. Es ist schon eine grüne Oase, die hoffentlich von Jahr zu Jahr noch wilder und verwunschener herüberkommt. Zugleich sehen wir sie als Ort für charmante und lässige Zusammenkünfte. An der Bar, bei schöner Musik aus der Anlage und guten Cocktails. Einfach ein Platz mit einer guten Playlist für den Start ins Wochenende.

Wenn wir den Blick über die Straße Am Sandtorkai hinweg richten, sehen wir einen unserer absoluten Lieblingsorte: das **Wasserschloss** in der Speicherstadt, das auf einer Halbinsel zwischen zwei Fleeten liegt. Wer die Romantik, die in unseren Augen dieser gesamte Lagerhauskomplex bietet, verstehen will, der sollte sich auf ein Bier oder einen Softdrink vor oder in das, wie wir sagen, »Wasserschlösschen« setzen, eine Kleinigkeit essen und die denkmalgeschützten roten Backsteinbauten auf sich wirken lassen. Speziell abends, wenn die Häuserfronten, die Dächer und die Brücken illuminiert sind, entfaltet die Speicherstadt ihren besonderen Reiz.

Von dort sind es schon ein paar Schritte bis in den **Baakenpark.** Uns hat diese Grünanlage vom ersten Tag an ein völlig neues, zusätzliches Hamburg-Bild geschenkt. Die von der Stadt beauftragte HafenCity GmbH hielt diesmal Wort, als sie den Baakenpark als Versprechen für die Zukunft dieses Kiezes annoncierte. Wir lieben es, auf den künstlich aufgeschütteten Hügel zu steigen, um dort an der Korkeiche zu stehen und über diese weite Grünfläche, die auf 1,6 Hektar modelliert worden ist, zu schauen. Der Hügel heißt angeblich Himmelsberg. Wir hoffen sehr, dass auch dieser Name als Versprechen für das gesamte Quartier Baakenhafen gemeint ist.

Wer mit der noch ziemlich neuen **U-Bahn-Linie 4** bis zur **Station HafenCity Universität** fährt, muss zwar gut zehn Minuten bis zum Park laufen, aber dafür geht er durch eine U-Bahn-Station, wie es sie in Hamburg kein zweites Mal gibt. Zwölf sogenannte Leuchtcontainer geben den Wänden und Teilen der Decke immer wieder unterschiedliche Farbtöne. Am Wochenende und an Feiertagen ist die Station auch ein Erlebnis zum Anhören: Dann werden hier Verdi- und Bach-Klassiker gespielt.

Der Fixpunkt und die Hauptattraktion der Hafencity ist natürlich die **Elbphilharmonie.** Auch für uns vom **Miniatur Wunderland** war sie von Anfang an, also schon ab der Zeit, in der sie geplant wurde, ein wichtiger Ort der Wunderland-Geschichte. In der Stadt war sie ein Bau, der sich stimmungsmäßig bei den Menschen irgendwo zwischen Vorfreude und Kostenaversion befand. Für uns Hamburger und Wunderländer ist sie aber einfach nur ein Geschenk. Wir haben die Bauphase damals zelebriert und mehr oder weniger aus Vorsatz die Bauzeit und Kosten bei uns im Wunderland augenzwinkernd in die Höhe getrieben. Was vielleicht auch an der Auswahl unserer Wunderland-internen Baufirma lag. Bei uns arbeitete statt »HochTief« »Drunter & Drüber« und ließ natürlich keine Steilvorlage von der großen Baustelle liegen. Das Highlight war ohne Frage die Eröffnung, bei der Intendant Christoph Lieben-Seutter und das NDR Sinfonieorchester schon einmal vorfühlen konnten, wie sich Eröffnungskonzert anfühlt – zwei Jahre, bevor sie es dann in Groß krachen ließen.

Es ist immer wieder schön, die Besucherplattform der echten Elbphilharmonie zu betreten. Und es ist, ehrlich und ohne Arroganz gesagt, prima, dass der Touristenstrom sich jetzt nicht mehr nur auf uns, das Miniatur Wunderland, richtet, sondern aufs ganze Quartier. Was wir nicht unerwähnt lassen wollen: Es war schon ein surreales Bild und ein gefühlter Tiefpunkt der kurzen Elbphilharmonie-Geschichte, den US-Präsidenten beim Gipfel in Hamburg dort drin grobschlächtig klatschend stehen zu sehen, während draußen die Wasserwerfer standen.

Lust auf einen kleinen Ausflug aufs Wasser? Die Linie 72 fährt in einer Schlaufe nonstop drei Stationen an: Landungsbrücken, Arningstraße, Elbphilharmonie. Eine Minihafenrundfahrt zum Preis eines HVV-Kurzstreckentickets. Die perfekte Rundtour für Selfies von der Elbphilharmonie. Wer einen festen Sitzplatz sucht, um auf die Elbe, die Docks, die Barkassen und Fähren zu schauen: **StrandPauli** ist hinreißend.

FOTOS: WALTER SCHMITZ, SPEICHERSTADT KAFFEERÖSTEREI, STEPHI WALD

HALTESTELLE HAFENCITY UNIVERSITÄT **An Wochenenden und Feiertagen steigt zu jeder vollen Stunde eine Lichtshow mit Musik. Kann also gut sein, dass man hier gerne eine U4 später nimmt**

KAFFEERÖSTEREI **Nicht einfach ein weiterer Coffeeshop, sondern eine Institution in Sachen Kaffee**

COAST BY EAST **Seafood, Grill, Bar an den Marco-Polo-Terrassen mit Spezialblick auf die Elbphilharmonie**

Wer hier bei uns im Quartier gut essen und noch dazu ein paar Fotos – von Essen und Hafencity – schießen möchte, die Freunde und Bekannte beeindrucken, der sollte ins **Coast by East** gehen, direkt am Ende des Großen Grasbrook. Das Restaurant, unterhalb des Marco-Polo-Towers fast in Rufweite des Hamburg Cruise Centers gelegen, verspricht viel und hält das immer. Ebenso eine Augenweide wie die Sushi- und Sashimi-Kreationen ist die Dachkonstruktion, entworfen vom Architektenkollektiv EMBT aus Barcelona. Ehrlich gesagt finden wir nur wenige Häuser in der Hafencity spektakulär, aber dieses gehört definitiv dazu. Und wer hier am frühen Abend draußen sitzt, sieht die Elbphilharmonie im Gegenlicht – auch schön!

Seit einiger Zeit beherbergt die Hafencity auch das gerade angesagteste Restaurant innerhalb von Hamburgs Stadtgrenzen: das **Bianc.** Die aufregende Reise an Aromen, die Matteo Ferrantino seinen Gästen tellerweise bietet, die genialen Ideen, die Liebe zum Detail und die absolute Perfektion, die er anstrebt ... das alles gilt auch für die Art und Weise, wie wir das Miniatur Wunderland sehen und führen. Ein Abend bei Matteo hinterlässt einen bleibenden Eindruck, ehrlicherweise auch auf dem Konto.

Wer's ganz anders, also hanseatisch-herzlich, mag, der begibt sich ins Oberhafenquartier und sucht sich einen Platz in der **Oberhafenkantine.** Sie wurde mal als »Hamburgs schrägster Punkt« bezeichnet. Das ist eine Anspielung auf das windschiefe Häuschen, denn auf St. Pauli gibt es etliche weitaus schrägere Lokalitäten. Hier servieren sie Filterkaffee statt Espresso, Labskaus und Hamburger Rundstück statt Kürbis-Maki und Inside-out-Rolls. Der sympathische Chef Sebastian Libbert fühlt sich der Tradition der »Oberhafenkantine« verbunden: 72 Jahre lang führte Anita Händel ihr Kultlokal, nahm morgens um 4.28 Uhr zu Hause in Wellingsbüttel die erste S-Bahn ins Zentrum, um den Kaffee aufgesetzt und die Mett- und Käsebrötchen für die Leute im Oberhafen fertiggeschmiert zu haben. Für ihn sei die »Oberhafenkantine«, sagt Sebastian Libbert, »ein Stückchen Heimat, welches wir beschützen und weiterführen«. Dankeschön dafür!

Die Oberhafenbrücke, gleich nebenan oder besser oben drüber, ist ein gutes Motiv für Fotografen. Und wer von der Kantine die Stockmeyerstraße ein Stückchen des Weges zu Fuß läuft, der bewegt sich ins Kreativquartier. Den Club »Moloch« vermissen wir, er ist Geschichte. Aber wenn Sie zum Ende der Straße gehen, entdecken Sie rechter Hand die **Hanseatische Materialverwaltung.** Was für ein schräger Laden! Ein Shopping-Paradies im wahren Wortsinn. Gehen Sie auf Entdeckungsreise in den diversen Hallen des Komplexes, stöbern Sie herum. Bühnenbilder, Requisiten, Nützliches, Unsinniges, Schnickschnack, Raritäten. Herrlich. Nehmen Sie Platz auf dem Sonnendeck und lassen Sie diese sehr spezielle Location auf sich wirken.

Unser großer Wunsch für die nächsten Jahrzehnte ist, dass wir mehr solche Gegensätze wie die Materialverwaltung und das »Bianc« in der Hafencity bekommen. Sie darf kein schickes »Beraterviertel« bleiben. Hätten wir im Miniatur Wunderland nur Hafenstraßenbewohner oder Schrebergartenfans wären wir auch weder zufrieden noch glücklich. Erst durch Gegensätze wird's lebendig und lebenswert. Ein paar menschengemachte Ecken und Kanten täten der Hafencity gut.

Einen unserer liebsten Nachbarn wollen wir auf keinen Fall vergessen: die **Kaffeerösterei.** Durch unsere geöffneten Bürofenster dringt morgens der Geruch von frisch gebrannten Bohnen. Natürlich hängt die Latte bei denen hoch, was Kaffeespezialitäten betrifft. Und wer mehr über Bohnen und Röstverfahren lernen will, sollte einen Kurs belegen.

Für die Übernachtung in der Hafencity bietet sich nicht nur unser **Pierdrei** an, sondern auch das **25hours Hotel,** das unser Freund Kai Hollmann zum Leben erweckte. Als wir das »Pierdrei« konzipierten, saß nicht nur Kai wegen seiner Expertise als Gründer und Inhaber der »Fortune«-Hotels mit am Tisch. Auch Norbert Aust, Gründer des Schmidts Tivoli auf der Reeperbahn, war dabei. Bei uns allen führte die Liebe zu Hamburg und das Streben nach dem Besonderen dazu, dass uns ständig neue Dinge eingefallen sind, die unbedingt noch integriert werden mussten. Zum Beispiel das Restaurant »Kitchens«, mit dem Sie auf kulinarische Weltreise gehen. Oder die Hafenbühne, die wir als Location für Konzerte und kleine Inszenierungen eingebaut haben. Jetzt ist das »Pierdrei« ein liebevoll gedachter, verspielter Ort, der der Hafencity zusätzliches Leben einhaucht und für uns viel mehr ist als ein normales Hotel. Und für unsere Gäste hoffentlich auch.

ADRESSEN

Pierdrei
Am Sandtorkai 46
pierdrei-hotel.de

Wasserschloss
Dienerreihe 4
wasserschloss.de

Baakenpark Baakenallee

U-Bahn-Haltestelle HafenCity Universität Überseeallee

Elbphilharmonie
Platz der Deutschen Einheit 4
elbphilharmonie.de

Miniatur Wunderland
Kehrwieder 2
miniatur-wunderland.de

StrandPauli
Hafenstr. 89, strandpauli.de

Coast by East
Großer Grasbrook 14
coast-hamburg.de

Bianc
Am Sandtorkai 50, bianc.de

Oberhafenkantine
Stockmeyerstr. 39
oberhafenkantine-hamburg.de

Hanseatische Materialverwaltung
Stockmeyerstr. 41-43
hanseatischematerialverwaltung.de

Kaffeerösterei
Kehrwieder 5
speicherstadt-kaffee.de

25hours Hotel
Überseeallee 5
25hours-hotels.com

DEINEN ERSTEN
LAPHROAIG
VERGISST DU NIE
"SCHMECKT WIE EINE MIT
TEER ÜBERZOGENE ZUCKERSTANGE
TORFIG, RAUCHIG,
ÜBERRASCHEND LECKER."
1815
LAPHROAIG
ISLAY SINGLE MALT
SCOTCH WHISKY
AGED 10 YEARS
OPINIONS WELCOME™
DRINK SMART®

DER RHEINGARTEN ist Kölns grüne Meile zwischen dem Ufer des Flusses und der Altstadt und bietet viel Platz zum Spazieren, Entspannen und Genießen

DAS WALLRAF-RICHARTZ-MUSEUM zeigt europäische Kunst vom 13. bis zum frühen 20. Jahrhundert, hier ein Werk von Peter Paul Rubens (links)

DER DOM besteht aus unzähligen Kunstwerken. Eines davon ist das Hauptportal an der Westseite. 9,30 Meter misst es in der Breite, inklusive Wimperg 28 Meter in der Höhe. Ein Blickfang ist die Marienfigur am Mittelpfeiler

FOTOS: HANS-PETER MERTEN/GETTYIMAGES.DE, DIETER JACOBI/KÖLNTOURISMUS GMBH, BRAD MITCHELL/ALAMY STOCK FOTO

DIE KRANHÄUSER sind mit knapp 62 Meter Höhe und ihrer ikonischen Architektur die Stars im Rheinauhafen. Eines bietet Platz für 133 Wohnungen, die beiden anderen je mehr als 16 000 Quadratmeter Büroflächen

Glücksgefühle am Rhein

...erlebte MERIAN-Autor Patrick P. Bauer auf seiner Genuss-Tour durch die Domstadt. Die Expertin an seiner Seite: **Sophia Schillik,** Kochbuch-Autorin und großer Köln-Fan

Köln ist wie sein Wahrzeichen, der Dom: Je näher man beiden kommt, je mehr man sich auf sie einlässt, desto größer werden sie. Und an beiden wird seit Jahrhunderten immer weitergearbeitet. Die Stadt ist in Bewegung, geht man hier auf Entdeckungstour, hat sich manchmal am einen Ende schon wieder etwas verändert, wenn man am anderen angekommen ist. Vom Dom, gleich neben dem Hauptbahnhof, ist es nur eine Viertelstunde Fußweg durch die Innenstadt, vorbei am Wallraf-Richartz-Museum, an Peter Zumthors Kolumba-Bau und der Oper, bis zu unserem Frühstück. Wir, das sind an diesem Tag ich und Sophia Schillik, freie Journalistin, Fotografin, Weinliebhaberin und Rezept-Autorin mit zwei großen Leidenschaften: besondere kulinarische Orte und Köln.

Gleich mal nach den Sternen greifen

Mittlerweile ist es 10 Uhr, und das »Neobiota« öffnet die Türen (am Wochenende schon um neun) zu seinem hellen Raum mit großen Fenstern an einer kleinen Straßenecke. Man sitzt auf einfachen Holzstühlen oder Barhockern, die offene Küche liegt direkt hinter der Theke. »Einzigartig« findet Sophia das Restaurant, für sie ist es ein herausragender Stellvertreter einer jungen, wilden Gastro-Generation in der Stadt. Zehn Frühstücks-Optionen stehen auf der Karte, und die wechseln immer wieder. Bagels, Stullen, Pancakes und Eggs Benedict sind stets zu haben, der Rest variiert. Für 28 Euro kann man drei Gänge kombinieren – sehr zu empfehlen, die Produkte sind frisch, und die Gerichte haben Pfiff. Frühstück habe man lange nicht richtig ernst genommen, »aber geiles Frühstück kann überraschen«, sagt Erik Scheffler. Zusammen mit Sonja Baumann hatte er schon lange von einem eigenen Restaurant geträumt, bevor die beiden 2018 dieses zusammen eröffneten. »Neobiota« sind Lebensformen, die

1 Wo das Büdchen zur Konditorei wird: im »Köski Royal« in Braunsfeld **2+3** Köstlicher Start in den Tag mit Stulle: Köln-Kennerin Sophia Schillik und MERIAN-Autor Patrick P. Bauer im Restaurant »Neobiota«

sich in Räumen ansiedeln, in denen sie eigentlich nicht heimisch sind. Der Bonnerin Sonja und dem gebürtigen Chemnitzer Erik ist das bestens gelungen. Frühstücken könnten wir übrigens bis 14.30 Uhr und abends Sterneküche genießen. Aber wir haben ja noch mehr vor.

Kölner Kiosk-Kultur

»In Köln geht es nicht um Optik«, sagt Sophia, »sondern ums Gefühl.« Man ist

FOTOS: VFKA/GETTYIMAGES.DE, MARIA LITWA (3)

Kölsche Gastgeber sind herzlich

1 Naturtrüb und voller Aroma: die Weine von Naturwein-Pionierin Surk-ki Schrade in »La Vincaillerie« **2** Brauhaustradition neu interpretiert: bei Johann Schäfer in der Südstadt **3+4** Spitzname »Henne«: Hendrik Olfen (Mitte) serviert in seiner »Henne Weinbar« feinste Tapas zum Teilen und natürlich die passenden Weine **5+6** Absacker im Agnesviertel: unser kulinarisches Köln-Team beschließt den Tag im »Toddy Tapper«

tolerant, plaudert gerne, trifft sich am Büdchen, von denen eigentlich immer eines um die Ecke liegt. Zum »Köski Royal« ist es ein etwas längerer Weg, durch das Belgische Viertel und über den Melaten-Friedhof bis nach Braunsfeld, aber dieser Weg lohnt sich sehr. Denn Sophia hat recht, wenn sie sagt, unter Kölns Büdchen sei dieses »das liebevollste«. Statt Zigaretten und Konserven gibt's hier Backwaren von »Zeit für Brot«, italienische Tartufini, Chutneys und exquisite Schokoladen. Und für uns einen sehr guten Cappuccino.

Kölscher Auftakt

Nach dem Büdchen bleiben wir den Kölner Traditionen treu und gehen ins Brauhaus. Die Auswahl ist groß, klar, Kölsch ist Kult in der Stadt, aber Sophia hat wieder eines gefunden, in dem die Tradition gepflegt und doch Neues gewagt wird: das »Brauhaus Johann Schäfer«, zu Hause in einer ehemaligen Spedition in der Südstadt. Das Ambiente ist urig und gesellig, wir bestellen einmal quer durch die Karte: gehacktes Tatar, geschmorten Blumenkohl, rauchige Rippchen und Gurkensalat. Dazu gibt es Kölsch oder selbst gebraute Biere, Pils und Weizen. Das Pils ist schön würzig und süffig, das Weizen angenehm fruchtig. So geht Apéro in Köln. Sophias Tipp für alle, die in der Südstadt in den Tag starten: das Brauhaus-Frühstück, das hier täglich von 10 bis 14 Uhr serviert wird.

Im Ernst: eine Kaffee-Welt

Der Abend fängt erst an, ich brauche einen Kaffee. Und Sophia und ich sind uns einig: Je besser der Kaffee, desto besser die Laune. Ein Glück, dass die »Kaffeerösterei Ernst«, benannt nach ihrer Gründerin und Chefin Maren Ernst, nicht mal fünf Spazierminuten entfernt ist. Wer komplexe Aromen liebt, ist hier genau richtig, nur beste Bohnen aus zehn Ländern werden eingekauft und vor Ort geröstet. »Wir sind eine Werkstatt«, sagt Maren Ernst. Kenia, Äthiopien, Ruanda oder Brasilien: Je nach Herkunft schmeckt der Kaffee anders. Und damit die Aromen optimal zur Geltung kommen, geben sie hier alles: Wassertemperatur, Ziehzeit, Mahlgrad und Menge werden aufeinander abgestimmt und bei jeder Tasse mit Uhr, Thermometer und Waage kontrolliert. Man kann nicht nur die Sorte wählen, sondern auch die Brühmethode: Aeropress, V60, Syphon oder French Press.

Zweiter Apéro mit Naturwein

Allein schon wegen ihr lohnt sich ein Abstecher nach Ehrenfeld: Surk-ki Schrade ist eine Pionierin der deutschen Naturwein-Szene, in ihrer »Vincaillerie« sind die Weine allesamt ungeklärt, ungeschönt und ungefiltert. Als Surk-ki anfing, diese Tropfen anzubieten, betrat sie noch Neuland, inzwischen werden Naturweine sogar in der Spitzengastronomie ausgeschenkt. Wer einfach mal probieren möchte, kommt donnerstags um 18 Uhr bei Surk-ki vorbei, dann ist die »l'heure de l'apéro«, und die Chefin öffnet neue Weine auf Spendenbasis. Dabei verzichtet sie auf kompliziertes Wein-Blabla und bringt das Thema entspannt rüber. Für kleine Gruppen bietet sie auch thematische Weinproben an.

ADRESSEN

Neobiota
Ehrenstr. 43c, restaurant-neobiota.de

Köski Royal
Kitschburgerstr. 247

Brauhaus Johann Schäfer
Elsaßstr. 6, johann-schaefer.de

Kaffeerösterei Ernst
Bonner Str. 56, ernst-kaffee.de

La Vincaillerie
Leostr. 57, la-vincaillerie.de

Henne Weinbar
Pfeilstr. 31-35, henne-weinbar.de

Toddy Tapper
Schillingstr. 27, toddytapper.de

So schön kann Teilen sein

Der Abend beginnt um die Ecke unserer Frühstücks-Location: mitten in der Stadt, in der »Henne Weinbar«. Die ist weit mehr, als der Name vermuten lässt: Man kann zwar auch nur einen Wein an der Bar trinken – die Karte ist umfangreich und sehr gut –, aber wir sind wegen des Essens hier. Hier kocht Hendrik Olfen, der das Restaurant nach seinem Spitznamen »Henne« benannt hat. Er lernte in der Spitzengastronomie und kocht heute mit neuem und modernem Konzept. Die Karte ist voller kleiner, köstlicher Gerichte, nach dem Tapas-Prinzip kann man je nach Appetit ordern und nachbestellen – »Sharing is Caring«, so das Motto. Wachtelterrine, Tomatensalat mit Rauchsalzmandeln, Hechtklößchen, Sauerteig-Ravioli mit Ochsenschwanz-Füllung: Für Hungrige lohnt sich das Menü mit vier Gängen und insgesamt zwölf Gerichten. Dazu werden unkonventionelle Weine gereicht.

Finale mit exotischen Aromen

Unser Abend endet im beliebten Agnesviertel. Das »Toddy Tapper« liegt gleich beim Ebertplatz, etwas abseits des Trubels, hier stolpert niemand zufällig hinein. Man muss diesen Laden gezielt ansteuern, und das tun wir. »Köln ist eine Bar-Stadt«, sagt Sophia, und diese sehenswerte Bar bietet so originelle wie außergewöhnliche Drinks. Der Betreiber heißt Indika Silva und kommt aus Sri Lanka. Gewürze von mehreren Kontinenten bringen neue Aromen ins Glas, als Grundlage wird oft Ceylon Arrack, ein Zuckerrohr-Schnaps, verwendet. Das schmeckt nach Zimt, Schokolade, Malz, Nüssen oder Ahornsirup. Auf die Umwelt achten die Barkeeper dabei auch, als Servietten dienen Lederlappen, Strohhalme und Plastik sind tabu. Der Bar-Name erinnert übrigens an einen Beruf in Sri Lanka: Dort klettern die »toddy tappers« an Palmen hoch, hängen einen Tontopf unter die Blüten und sammeln den Palmnektar.

Top 5

1 **DOM** Dieses Wunderwerk ist eine Stadt in der Stadt, die berüchtigte »ewige Baustelle«, an der seit der Grundsteinlegung 1248 immer irgendwo gewerkelt wird. 2007 wurde einer der jüngsten Domschätze eingeweiht: das 106 Quadratmeter große Südhausquerfenster, das der Künstler Gerhard Richter mit 11 263 Quadraten in 72 Farben gestaltet hat. 1880 galt der Dom eigentlich als vollendet, 1943 wurde er schwer getroffen, 1996 zum UNESCO-Welterbe geadelt. 144,58 Meter lang ist er, mit seinem 157,22 Meter hohen Südturm (der Nordturm ist vier Zentimeter kleiner) ist er eine der höchsten Kirchen der Welt. Aber all diese Zahlen werden zur Nebensache, wenn man – am besten bei einer der zahlreichen Führungen – im Dom unterwegs ist und seine Dimensionen live erlebt. domfuehrungen-koeln.de

2 **MUSEUM LUDWIG** Das Kunsthaus mit dem auffälligen Dach ist nach seinen Stiftern Peter und Irene Ludwig benannt und verfügt über eine herausragende Sammlung der Kunst des 20. und 21. Jahrhunderts. Besonders der deutsche Expressionismus, die Pop-Art und der Über-Künstler Pablo Picasso sind dort mit vielen Werken vertreten. Die verschiedenen Ausstellungen bespielen eine Fläche von gut 8000 Quadratmetern, noch bis Ende Januar 2022 thematisiert die Schau »Der geteilte Picasso« die unterschiedlichen Blickwinkel auf den Künstler in der DDR und der BRD. Heinrich-Böll-Platz, museum-ludwig.de

3 **KARNEVAL** Es ist weder möglich noch erstrebenswert, dem Treiben zu entgehen, wenn man in den Tagen vor Aschermittwoch in der Stadt weilt. Dann arbeitet nur noch, wer nicht anders kann, alle anderen feiern und führen teils in monatelanger Arbeit selbst hergestellte Kostüme aus. Highlights: die Weiberfastnacht am Donnerstag, der Rosenmontagsumzug (am besten in der Severinstraße), die vielen Viertel-Umzüge und die »Nubbel-Verbrennung« am Aschermittwoch. koelnerkarneval.de

4 **RHEINAUHAFEN** Für Kölner Verhältnisse ist dieses Viertel blutjung, es entstand in den letzten zwei Jahrzehnten und hat es schnell auf die Must-see-Liste der Stadt geschafft. Zum einen wegen architektonischer Glanzlichter, zum anderen dank zwei gut gemachter Museen: dem Schokoladenmuseum, das schon 1993 an die Nordspitze des Areals zog (schokoladenmuseum.de) und dem Deutschen Sport & Olympia Museum (sportmuseum.de), das 1999 in einer einstigen Hafen-Zollhalle eröffnet wurde. Solche historischen Bauten bilden einen spannenden Kontrast zur neuen Architektur wie den drei weithin sichtbaren und mehr als 60 Meter hohen Kranhäusern, die zu Ikonen des Rheinauhafens geworden sind. rheinauhafen-koeln.de

5 **MELATEN-FRIEDHOF** Wer zwei nette Ecken der Stadt, das Belgische Viertel und Ehrenfeld, mit einem besonderen Spaziergang durchs Grüne verbinden möchte, der laufe über diesen mehr als 43 Hektar großen und 200 Jahre alten Friedhof, auf dem zigtausend Kölner und ihre Familien die letzte Ruhestätte gefunden haben. Sie werden unterwegs das eine oder andere Kunstwerk und bekannte Namen entdecken– vor allem in der »Millionenallee« mit den teuersten Gräbern, etwa dem der Familie von Entertainer Willy Millowitsch. melatenfriedhof.de

FOTO: DIETER JACOBI/KÖLNTOURISMUS GMBH

Elf Kölsch.
Fünf Fremde.
Ein Abend,
der bleibt.
#inKöllezeHus
KölnTourismus
Köln

48 STUNDEN IN Lübeck

Alle wohlgehüteten Geheimnisse und Geschichten der »Königin der Hanse« kennt die Fremdenführerin Monika Kramp. Sie weiterzuerzählen, ist ihr ein Vergnügen

Es geht kein Weg am **Holstentor** vorbei, dem imposanten Wahrzeichen der Stadt. Aber wussten Sie, dass es ursprünglich vier von diesen Toren gab? Und dass dieses letzte Tor ebenfalls um ein Haar abgerissen worden wäre? 1863 stimmten die Stadtväter ab, das Zeitalter der Industrialisierung befand sich in vollem Gange – und Lübeck plante einen Bahnhofsneubau in zentraler Lage. Auf dem heutigen Holstentorplatz. 42:41 endete das Votum des Rats, die denkbar knappste Mehrheit. So blieb das Schmuckstück erhalten.

1871 erhielt das Holstentor schließlich den Status eines nationalen Denkmals. Für alle, die vor ihm stehen, ist es auf den ersten Blick ein Symbol des Wohlstands und der Macht der hanseatischen Kaufleute. Für mich selbst ist es der Ort, an dem oft mein Arbeitstag als Stadtführerin beginnt, denn meistens treffe ich die Menschen, die ich zu Stadtspaziergängen über die wunderschöne Altstadtinsel mitnehme, genau hier, auf der Wiese vor dem Tor.

Viele sind erstaunt darüber, welche Schieflage dieser monumentale Bau aufweist. Wenn Sie im Südturm ein Lot an einem Seil bis zum Boden herablassen lassen würden, dann hätte es einen seitlichen Abstand von 1,20 Metern zum Mauerwerk. Damit ist das Holstentor schiefer als der Schiefe Turm von Pisa. Obwohl ich das Holstentor wirklich sehr gut kenne, beeindruckt es mich immer wieder. Das fängt schon beim Material an, die glasierten Ziegelsteine in der zweiten Reihe im Mauerwerk sind viermal so teuer wie normale Ziegelsteine. Oder der Wappenfries: Er zeigt den »Wilden Mann«, der im Mittelalter für die Stärke der Männer stand, und er präsentiert gleichzeitig seinen Hintern und sein Gesicht. Da soll mal einer sagen, Männer wären nicht gelenkig.

Eine beliebte Station auf meinen Touren ist die **Schiffergesellschaft,** das ehemalige Versammlungshaus der Seefahrer. Typisch regionale Fischküche wird hier serviert, ohne den Einsatz von Convenience-Produkten. Der neue Betreiber hat alle 60 Mitarbeiter über die Pandemie gerettet. Auch deswegen ist mir der Ort sympathisch, besonders schön ist übrigens der Innenhof. Die ehrenwerte Schiffergesellschaft hat sich inzwischen dem Zeitgeist angepasst. 2019 wurde erstmals eine Frau aufgenommen. Nach 600 Jahren! Für mich war das ein innerliches Bratkartoffel-Festessen.

Apropos Essen. Jeder kennt **Niederegger** und sein Edelmarzipan. Für uns Stadtführer gibt es im Niederegger-Stammhaus immer eine kleine aufbauende Ration, wenn wir nach dem Stadtbummel unsere Gäste ins Café begleiten. Ich finde, die Niederegger-Philosophie taugt als Leitspruch fürs Leben: »So viel Mandeln wie möglich, so wenig Zucker wie nötig.«

Monika Kramp *macht keinen Hehl daraus, dass sie nirgendwo anders als in Lübeck leben möchte. Besonders gern zeigt die Stadtführerin die Gänge und Höfe, die im Mittelalter entstanden, indem man Durchgänge in die Vorderhäuser brach, um in den Hinterhöfen weitere Häuser zu bauen. Einer ihrer Lieblinge: Stüwes Gang, herrlich verzweigt und wunderschön begrünt. Mehr Infos: Instagram@ gheseke_van_more*

Holstentor Dreieinhalb Meter dick sind seine Mauern, und die neigen sich stärker als der Turm von Pisa. »Concordia Domi Foris Pax« steht in goldener Schrift im Mauerwerk: Eintracht innen, Friede draußen

Die Schiffergesellschaft ist eine Institution: speisen und dabei gemütlich wie im Bauch eines Schiffes sitzen

Besonders gern bin ich in Lübecks Gängen und Höfen unterwegs. In den kleinen Häusern, den sogenannten Buden in den Hinterhöfen, lebten früher einfache Handwerker, Tagelöhner, Seeleute und das Gesinde. Die Gänge und Höfe waren eine Art Stadt in der Stadt. Heute kann man sich etwa im Schwans Hof oder Stüwes Gang an diesem Kosmos erfreuen, wenn man sich rücksichtsvoll verhält und die Anwohner nicht stört. Laut wird es hier auch manchmal, beim **HanseKulturFestival** wird gemeinsam beim »Schwoof im Hof« gefeiert, hoffentlich ist es 2022 wieder so weit.

Mein Lieblingscafé im Seefahrerviertel der Altstadt heißt **Fräulein Brömse.** Der Name ist keine kunstvolle Kreation wie die Kuchen und Torten, die wirklich ein Genuss sind. Nein, Fräulein Brömse gab es wirklich. Sie war die Tochter des Bürgermeisters Nikolaus Brömse, der wahrscheinlich 1472 geboren wurde und 1543 starb. Der Spruch »Wir brömsen auch für Kuchen!« ist für manche Lübecker fast ein geflügeltes Wort. Wer statt Kaffee und Kuchen lieber einen Drink möchte, dem empfehle ich die **Bar Dietrich's,** direkt am Wasser und eine der coolsten Locations, die ich kenne. Ein fantastischer Platz für einen langen Sonnenuntergang. Oder für Ausdauernde bis zum Sonnenaufgang …

Für alle, die die Nacht nicht zum Tag machen wollen: **Die Reederin** ist für mich eines der besten Hotels der Stadt. Es hat sieben Zimmer, benannt nach den sieben Schiffen, die zur Reederei gehören, die an dieser Stelle früher einmal ihren Sitz hatte. Übrigens die Reederei, in der Willy Brandt einst als Lehrling gearbeitet hat. Der Volontär hat's dann bis in die allererste Reihe geschafft. Als vierter Bundeskanzler der Bundesrepublik, als erster Sozialdemokrat überhaupt. Lübeck würdigt ihn und die Geschichte dieser Zeit im **Willy-Brandt-Haus.** Quasi um die Ecke liegen das **Günter-Grass-Haus,** in dem der Schriftsteller sein Büro hatte, und das **Buddenbrookhaus** (siehe Extratipp). Eine Tour durch jedes einzelne Haus dieser glorreichen Drei lohnt sich.

Wie ein Open-Air-Museum wirkt indes das Fischerdörfchen **Gothmund** an der Trave, ein Ort, an dem für mich die Zeit gefühlt stillsteht. Noch immer gibt es zwei aktive Flussfischer an der Lagune, und ich finde den Fischerweg und die 20 reetgedeckten Häuser dort unfassbar romantisch. Der kleine Abstecher nach Gothmund lässt sich übrigens wunderbar einbauen, wenn man auf dem Weg nach Travemünde ist. Mein Tipp für den Stadtteil am Meer: in der **Lighthouse Lounge** chillen und bei **Fisch-Wöbke** ein Fischbrötchen essen.

Manchmal fragen meine Gäste, wann die beste Reisezeit für Lübeck sei. Ganz ehrlich: Ich liebe Lübeck in der Weihnachtszeit, wenn eine feierliche Atmosphäre über der Stadt der sieben Türme liegt. Aber ganz egal, wann Sie kommen, eine Kirche sollten Sie sich immer ansehen: **St. Marien** ist für mich Glaube, der in Architektur umgewandelt worden ist. Die Turm- und Gewölbeführung dort dauert zweieinhalb Stunden und kostet nicht die Welt. Sie ist ein echter Geheimtipp und absolut ergreifend.

BUDDENBROOKHAUS

Das prachtvolle Haus, in dem der Schriftsteller Thomas Mann einen Teil seiner Kindheit verbrachte, ist zur Bühne für seinen weltberühmten Roman »Buddenbrooks – Verfall einer Familie« geworden. Zu sehen sind hier das »Speisezimmer« und das »Götterzimmer«. In den Räumen finden sich Zettel mit Seitenzahlen, sodass man beim Umhergehen nachlesen kann, welche Romanszenen sich hier zugetragen haben. Das Buddenbrookhaus befindet sich derzeit im Umbau, Fertigstellung 2023.

Mengstr. 4, buddenbrookhaus.de

ADRESSEN

Holstentor
Holstentorplatz

Schiffergesellschaft
Breite Str. 2
schiffergesellschaft.de

Niederegger
Breite Str. 89
niederegger.de

HanseKulturFestival
luebeck-tourismus.de

Fräulein Brömse
Kleine Burgstr.
cafe-fraeuleinbroemse.de

Dietrich's
An derUntertrave 108
dietrichs-luebeck.de

Die Reederin
Große Altefähre 23
die-reederin.de

Willy-Brandt-Haus
Königstr. 21
willy-brandt.de

Günter-Grass-Haus
Glockengießerstr. 21
grass-haus.de

Gothmund
fischerdorf-gothmund.de

Lighthouse Lounge
Travemünde, Strandpromenade
ostseelounge.com

Fisch-Wöbke
Travemünde, Kurgartenstr. 94
fischwoebke.de

St. Marien
Marienkirchhof 1
st-marien-luebeck.de

FOTOS: LUKAS SPÖRL, OLAF MALZAHN/LTM, ISABELA PACINI, WAWAVISIONS

1 Lighthouse Lounge Sand, Liegestühle, dicke Schiffe, leckere Drinks: die Beachbar in Travemünde
2 Fräulein Brömse Kuchen und Torten wie von Muttern gebacken im Seefahrerviertel der Lübecker Altstadt
3 Fisch-Wöbke Der Chef räuchert selbst, stellt alle Marinaden und Salate von Hand her. Das Ergebnis: lecker

Der Kornmarkt, umrahmt von liebevoll erhaltenen Fachwerkhäusern, lohnt immer einen Besuch. Soll es sportlich zugehen, bietet sich die **Kanutour** auf der Lahn an.

Wetzlar – vielfältig, historisch, modern

Fachwerkhäuser, Sturm und Drang, pittoreske Landschaften und attraktive Museen – Wetzlar präsentiert sich in seiner ganzen Vielfalt

Gemächlich fließt die Lahn mitten durch das mittelhessische Wetzlar; Brücken, wie die Alte Lahnbrücke aus dem 13. Jahrhundert, verbinden die historische mit der modernen Stadt. Nicht weit vom Fluss, der hier im mittleren Lahntal schon eine stattliche Größe erreicht hat, ragt auf einer Anhöhe inmitten der Altstadt der Dom aus dem Häusermeer. Die einzigartige Kirche ist das Wahrzeichen Wetzlars: Nie vollendet, steht ein romanischer neben einem gotischen Turm, der von einer barocken Haube bekrönt wird.

Um den Domplatz erstreckt sich die reizvolle Altstadt. In den Fachwerkhäusern befinden sich individuelle Boutiquen und Fachgeschäfte. Biergärten und Restaurants laden zum Probieren von regionalen und internationalen Spezialitäten ein.

Eine Liebesgeschichte verhalf Wetzlar in der Literaturgeschichte zu Berühmtheit. Kurz gefasst, verliebte sich der junge, noch unbekannte Johann Wolfgang Goethe in der damaligen Reichskammergerichtsstadt in die Amtmannstochter Charlotte Buff. Doch Lotte, wie Goethe sie später in seinem wohl bekanntesten Roman „Die Leiden des jungen Werthers“ nannte, war bereits versprochen. Vier Monate später verließ er nach einer ereignisreichen Zeit die Stadt und wanderte das Lahntal hinab. Der Briefroman machte ihn über Nacht bekannt und wurde ein Bestseller. Die Erinnerung an den großen Dichter ist noch heute in Wetzlar lebendig: In den Museen Lotte- und Jerusalemhaus oder bei den Erlebnisführungen, die Szenen aus der Zeit amüsant nachspielen, wird die Erinnerung wach gehalten. Im Jahr 2022 jährt sich Goethes Aufenthalt in Wetzlar zum 250. Mal und wird bei zahlreichen Veranstaltungen gefeiert.

Die Lahnbrücke aus dem 13. Jahrhundert verbindet die historische mit der modernen Stadt (oben). **Der Dom** ist das Wahrzeichen Wetzlars (unten). **Johann Wolfgang Goethe** wartet auf Inspiration, während der **Geisterbeschwörer** die Vergangenheit aufleben lässt (ganz oben).

Wahrnehmung neu entdecken

Das neue Ernst Leitz Museum im Leitz-Park lädt Besucher*innen ab Oktober ein, Fotografie interaktiv zu erleben und selbst zu gestalten

Mehr Informationen unter:
ernst-leitz-museum.de

Im Herbst wird das **Ernst Leitz Museum** wieder eröffnet. Vier neu gestaltete Erlebnisbereiche sensibilisieren für eine bewusste Wahrnehmung, laden zum Mitmachen und Ausprobieren ein und inspirieren dazu, die Welt der Fotografie neugierig zu entdecken und selbst zu gestalten.

Der **Leica Classic Store** hält besondere Angebote für den An- und Verkauf von Vintage-Produkten bereit.

Auf der **Leica-Tour** im Leitz-Park gibt es Produkt-Meilensteine aus über 100 Jahren Leica Fotografie zu entdecken. Darüber hinaus bietet das Unternehmen mit seiner **gläsernen Manufaktur** einen faszinierenden Einblick in die aufwendige Fertigung

Mit dem neuen Ernst Leitz Museum im Leitz-Park Wetzlar, der Heimat der Leica Kamera, öffnet im Oktober ein modernes Museum rund um die Fotografie. Vier neu gestaltete Erlebnisbereiche auf rund 600 Quadratmetern im Obergeschoss des Museums sensibilisieren für eine bewusste Wahrnehmung, laden zum Mitmachen und Ausprobieren ein und inspirieren dazu, die Welt der Fotografie neugierig zu entdecken und selbst zu gestalten.

In den vier Erlebnisbereichen werden an interaktiven Stationen optische Phänomene aufgezeigt und die Grundregeln des Fotografierens anschaulich dargestellt. Mit den integrierten Leica Kameras oder dem eigenen Smartphone können Besucher*innen diese vor Ort ausprobieren, kreative Ideen direkt umsetzen und die Bilder und Selfies über die neue Leitz-Park App herunterladen und als Andenken mit nach Hause nehmen. Zusammen mit den weiteren Inszenierungen im Museum, die sich der Unternehmensgeschichte und der Marke Leica widmen, sowie einer Sonderausstellung mit spannenden Exponaten aus dem angrenzenden Leica Unternehmensarchiv entsteht mit dem neuen Ernst Leitz Museum eine faszinierende Erlebniswelt der Fotografie, die die Region um eine weitere Attraktion bereichert. Die Räumlichkeiten im Erdgeschoss des Museums mit einer Ausstellungsfläche, in der internationale Künstler ihre herausragenden Fotostrecken präsentieren, runden das neue Museumskonzept ab.

DIE FRAUENKIRCHE wirkt im Innern wie eine Traumwelt in Pastelltönen. Noch dämpft in Dresdens wiederaufgebautem Wahrzeichen keine Patina die Strahlkraft der Farben, und der barocke Gestaltungswille zeigt sich in seiner ganzen Wucht

Guten Stil und große Ideen …

… bietet neben der Kulturlandschaft auch Dresdens Gastronomie. Event-Köchin **Verena Leister** kennt sie gut und hat MERIAN-Autor Patrick P. Bauer die besten Lokale gezeigt

Der großzügige Zwinger, die weltberühmten Werke in der Gemäldegalerie Alte Meister, die glitzernden Schätze im Grünen Gewölbe: Dresden steht vor allem für grandiose Kunst und nicht unbedingt für grandiose Küche. Dabei bietet die sächsische Hauptstadt kulinarisch viel mehr als Kartoffelsuppe und Christstollen. Apropos Stollen: Den besten gibt es übrigens in der »Conditorei Kreutzkamm«, 1825 gegründet als königlicher Hoflieferant. Um die vielfältige Gegenwart der sächsischen Hauptstadt zu erkunden, habe ich mich mit einer Insiderin verabredet: Verena Leister lebt seit elf Jahren hier und arbeitet als Event-Köchin. 2016 war sie, gerade mal 23 Jahre alt, bei der Koch-Show »The Taste« dabei. Heute gibt sie Kochkurse, führt ein Pop-up-Restaurant in der Stadt, kocht auf Veranstaltungen und lässt sich als Food-Leiterin der Filmnächte am Elbufer jedes Jahr neue Gerichte einfallen, um die Gäste zu erfreuen. Nebenbei singt sie auch noch! Sie hat für uns beide ein strammes Programm organisiert: eine Genusstour mit sieben Stationen. »Dresden hat einfach viel zu bieten«, sagt sie. Ich freu mich drauf.

Erster Kaffee im Szeneviertel

Für diesen langen Tag brauchen wir erst mal Koffein. Und während in Berlin und Hamburg Methoden wie »slow drip« und »cold brew« nichts Neues mehr sind, ist das »Oswaldz« hier noch ein Pionier. Alles kommt von der Dresdner Rösterei »Phönix«, von mild bis herb, frisch gebrüht und dabei ähnlich komplex wie Wein. Aber natürlich gibt es auch Espresso und Cappuccino aus der Siebträgermaschine. Betreiber Vineeth Surendranath arbeitet eigentlich in der medizinischen Forschung. Er vermisste in Dresden allerdings Kaffee, der den Ursprung der Bohnen zeigt – und eröffnete deshalb das »Oswaldz«. An den Wänden hängt Kunst, durchs Fenster kann man das Treiben im Szeneviertel Neustadt beobachten. »Ich starte hier gerne den Tag«, sagt Verena. »Hier gehen Anzugträger wie Studenten hin. Sie alle verbindet die Suche nach dem besten Kaffee!« Dazu gibt's Müsli und Sandwiches.

1 Patrick P. Bauer und Verena Leister starten den Tag in der Neustadt
2 Forscher und Kaffee-Nerd: Vineeth Surendranath vom »Oswaldz«
3 Zu empfehlen: die – meistens veganen – Bowls im »Sprout«

FOTOS: ISABELA PACINI, PIETER-PAN RUPPRECHT (3)

Frühstück von früh bis spät

Abends ist die Neustadt lebendig und bunt, jetzt aber ist es hier noch ruhig.

1

2

6

Volles Programm in Elbflorenz

1+2 Süß und schick: Das »Kuchen Atelier« bietet Schwarzwälder Törtchen in der feinen Umgebung eines Spitzenhotels **3** Frischluft-Kur: Pause mit einem Bier an der Elbe **4** Frischer Auftakt: Im »Genuss-Atelier« kommt die Tomate zum Salat mit Mozzarella auch als Eis und Creme **5+6** Cocktails und Jazz bis spät in die Nacht: Das »Blue Note« ist eine Dresdner Institution – und der perfekte Ort für einen letzten Whiskey Sour

3

5

4

Verena bringt mich zum »Elbsalon«: der Boden aus Waschbeton, Holzplanken an den Wänden. Frühaufsteher kriegen hier unter der Woche schon ab sieben Uhr ein gutes Frühstück, Nachtschwärmer haben Zeit bis 16 Uhr. Küchenchef Lars Mißbach hat für jeden Geschmack etwas auf der Karte, vom gesunden Porridge mit Chiasamen und Beeren bis zur üppigen Käse-Wurst-Platte. Der Laden ist groß, trotzdem wird alles liebevoll zubereitet. Mißbach holt sich seine Inspiration bei Reisen und telefoniert regelmäßig mit Freunden in Kalifornien. »Die sind uns bei Foodtrends voraus.« Wir sind voller Energie. Weiter geht's.

Schüsseln voller gesunder Vielfalt

Vor dem richtigen Mittagessen will mir Verena unbedingt das »Sprout« zeigen. Das Publikum ist jung, es gibt Bowls, die man sich selbst zusammenstellen kann. An der Theke hat man dafür jeweils fünf warme und fünf kalte Gerichte zur Wahl, die jede Woche wechseln. Nüsse und Dips, gegrillte Kartoffeln, die rot-weiß geringelte Chioggia-Bete, Beluga-Linsen, Wildkräuter-Salat, Kichererbsen: Was es hier gibt, ist frisch, gesund, bio, fast immer vegan – und schmeckt richtig gut. Kurz: eine tolle Lunch-Adresse!

Mittagspause beim Blauen Wunder

Nach der Rohkost-Stärkung fahren wir nach Loschwitz, einem Viertel etwas außerhalb des Zentrums. Fachwerkhäuser, Bäcker, Metzger und der historische Marktplatz verbinden sich zu einem wunderschönen Wohlfühlort. Nicht weit vom Blauen Wunder, einer fast 130 Jahre alten Stahlbrücke über die Elbe, liegt »Kleinert's Spezialitäten«. Der hübsche Raum ist eine Mischung aus Café, Feinkostladen und Bistro. In einer offenen Küche kocht hier Eckhard Kleinert. »Wir machen Frühstück, Mittagessen und Abendessen. Ich verarbeite alles, was ich auch verkaufe«, sagt Kleinert, ein herausragender Gastgeber. Er kommt an den Tisch, spricht über die Produkte, seine Händler und seine Erfahrung. Die Karte wechselt wöchentlich. Wir probieren uns einmal quer durch: kurz gebratenes Lamm mit Paprika und Bulgur auf Tahin, Riesengarnelen mit Ochsenherztomaten und Pesto, Gurkensuppe mit gelber Paprika und Tomatenschmand. »Großes Kino, aber ganz einfach«, kommentiert Verena, die an diesem Ort nicht nur das gute Essen, sondern auch den Blick auf die Elbe schätzt.

Eine Eierschecke muss sein!

Eierschecke ist so etwas wie die Nationalspeise der Dresdner. Den Kuchen mit Hefeteigboden, Quarkschicht und Eiermasse gibt es hier überall. Ein Kaffee dazu – und man ist glücklich. »Die beste Eierschecke gibt es im ›Kuchen Atelier‹«, verkündet Verena. Das ist gar nicht so leicht zu finden, versteckt es sich doch im »Gewandhaus«, einem 5-Sterne-Hotel mit barocker Fassade. Alles ist sehr edel. Aber Dirk Günther, der Chef-Patissier, heißt jeden Gast herzlich willkommen, und er verwöhnt uns. Für die Eierschecke verwendet er viel echte Vanille und keine günstige Konditorcreme. Das macht sie wunderbar intensiv. Fast noch besser schmecken uns die modernen Schwarzwälder Törtchen: belgische Schokolade trifft auf Schokobaiser und reduzierten Kirschsud: knackig und cremig zugleich – ein großes Vergnügen!

ADRESSEN

Conditorei Kreutzkamm
Altmarkt 25, kreutzkamm.de

Oswaldz
Bautznerstr. 9, oswaldz.de

Elbsalon
Königsbrücker Str. 74, elbsalon.com

Sprout
Rothenburger Str. 12, sproutfood.de

Kleinert's Spezialitäten
Friedrich-Wieck-Str. 45b
kleinerts-spezialitaeten.de

Kuchen Atelier
Ringstr. 1, kuchenatelier.com

Genuss-Atelier
Bautzner Str. 149
genuss-atelier.de

Blue Note Club & Bar
Görlitzer Str. 2b
jazzdepartment.com

Großer Genuss im Gewölbekeller

Endlich sind wir im »Genuss-Atelier«, von dem Verena schon den ganzen Tag schwärmt. »Die bleiben nicht stehen, bieten immer was Neues«, sagt sie. Marcus Blonkowski kocht, seine Schwester Nicole leitet den Service: ein sehr gutes Team. Marcus hat bei verschiedenen Top-Köchen gelernt und 2014 sein eigenes Restaurant in der alten Heimat eröffnet. Wir finden: Hier stimmt alles. Die Atmosphäre im Gewölbekeller ist rustikal und behaglich. Blonkowski kocht mit Methoden aus der Spitzengastronomie und verwendet dabei vor allem regionale Produkte. Am besten gefallen uns die pfiffigen Details, die jedem Gang einen kleinen Dreh geben. Beim Zander sind es die eingelegten Salzzitronen, beim Salat das Tomaten-Eis. Die Weine kommen aus der Region, eine tolle Möglichkeit, die kleinen Anbaugebiete Sachsen und Saale-Unstrut kennenzulernen. Zum Beispiel den aromatischen Cabernet Blanc vom Weingut Jan Ulrich oder den Blanc de Noir vom Weingut Stefan Bönsch aus Langebrück.

Craft Beer, Cocktails und viel Jazz

Als letzte Station hat sich Verena eine legendäre Institution der Stadt ausgesucht. Seit über 20 Jahren spielen im »Blue Note« Bands, immer noch fast täglich, wenn nicht gerade Lockdown ist: viel Jazz, aber auch Blues, Rock und mehr, Hauptsache handgemacht. Dazu gibt es Craft Beer und eine breite Auswahl an Whisky und Cocktails. Es ist ein lässiger, gemütlicher und ein wenig nostalgischer Ort. Die Öffnungszeiten sind genau richtig für Gäste wie uns: open end. Und so lassen wir den Abend bei Whiskey Sour zur Nacht werden.

Top 5

1

ZWINGER Seit einigen Jahren stehen wieder Orangenbäume zwischen den Galerien und Pavillons: Ursprünglich war die Anlage als Orangerie gedacht. Im 18. Jahrhundert entstand daraus allerdings ein barockes Gesamtkunstwerk, eine opulente Bühne für Feste und Paraden. Das als Abschluss zur Elbe geplante Schloss wurde aber nie gebaut. Ein Jahrhundert später ließ der Architekt Gottfried Semper stattdessen eine Galerie errichten, passend zur ebenfalls von ihm neu gestalteten Oper nebenan. Im Zwinger und im Semperbau befinden sich heute mehrere besondere Museen, darunter die zusammen mit Skulpturen inszenierte Gemäldegalerie Alte Meister (Cranach! Raffael! Rembrandt!) und der Mathematisch-Physikalische Salon mit alten Uhren und Globen.

dresdner-zwinger.de
skd.museum

2

RESIDENZSCHLOSS Wo über Jahrhunderte die sächsischen Kurfürsten und Könige wohnten, sind nun viele ihrer Schätze zu sehen, etwa eine bedeutende Sammlung osmanischer Kunst, Münzen, Rüstungen und Gewehre sowie prächtige Herrscherkostüme. Höhepunkt ist für viele die glitzernde Schatzkunst, die teils authentisch in der barocken Schatzkammer, dem Historischen Grünen Gewölbe, teils effektvoll inszeniert im Neuen Grünen Gewölbe zu sehen ist. Auch das Schloss selbst ist sehenswert, etwa die bis 2019 rekonstruierten königlichen Paraderäume. Taschenberg 2, skd.museum

3

ÄUSSERE NEUSTADT Das Szeneviertel ist ein wunderbares Kontrastprogramm zum Sightseeing in der Altstadt. Hier flaniert man entspannt durch Straßenzüge voller Leben, vorbei an Street-Art, Pop-up-Stores, Kinos und Kneipen. Zu den Fixpunkten in diesem kreativen Kiez gehören die farbenfrohe »Kunsthof Passage« und auch das Kulturzentrum »Scheune«, das allerdings gerade saniert wird. Überbrückt wird die Zeit mit einem »Blechschloss«, einer Spielstätte aus Containern.
kunsthof-dresden.de; scheune.org

4

GROSSER GARTEN Der ab 1678 angelegte Park hat einen passenden Namen: Mit 147 Hektar ist er so groß, dass sogar die nostalgische Parkeisenbahn eine halbe Stunde braucht, um ihn zu durchfahren. Mittelpunkt der Grünanlage ist ein barockes Palais, in dem Konzerte und andere Events stattfinden. Ein beliebtes Ziel ist auch das Restaurant »Carolaschlösschen«, vor allem wegen der romantischen Seeterrassen. Für einen Ausflug sollte man am besten einen ganzen Tag einplanen, denn um den Garten herum befinden sich viele weitere Attraktionen, etwa der Zoo, der Botanische Garten, das Stadion von Dynamo Dresden, das einzigartige Deutsche Hygiene-Museum und die Gläserne Manufaktur, in der VW Elektroautos montiert.
grosser-garten-dresden.de

5

MILITÄRHISTORISCHES MUSEUM Schon die Architektur macht klar, was im Innern wartet: Wie ein martialischer Keil zerteilt der Neubau von Daniel Libeskind das symmetrische Arsenalgebäude aus dem 19. Jahrhundert. Mit 10 000 Exponaten aus 700 Jahren wird in der Dauerausstellung eine Kulturgeschichte der Gewalt aufgezeichnet. Statt auf der Technik liegt der Fokus dabei auf der menschlichen Perspektive: So geht es etwa um das Leid, das durch Krieg entsteht, um die Ursachen von Konfikten und um Erinnerungskultur. Olbrichplatz 2, mhmbw.de

FOTO: ISABELA PACINI

KRIMINELL GUT

In der Altstadt kommen Fans des gepflegten Fernsehkrimis voll auf ihre Kosten: Nicht nur ermittelt hier das »Tatort«-Duo Thiel und Boerne, sondern auch der kauzige Privatdetektiv Wilsberg. Sein Antiquariat heißt, wenn sich nicht gerade eine Filmcrew darin tummelt, Antiquariat Solder und verkauft seit Jahrzehnten alte Schätze. Auf einem »Wilsberg-Rundgang« kann man außerdem weitere originale Drehorte erleben.

Antiquariat Michael Solder
Frauenstr. 49

Infos zum Wilsberg-Rundgang unter stadt-muenster.de/filmservice/25-jahre-wilsberg

ADRESSEN

St.-Paulus-Dom
Domplatz 28, paulusdom.de

Gallerie Nettels
Spiegelturm 3, nettels.de

Happy Tea Bar
Rosenstr. 10, happyteabar.de

Ateliers Hafenstraße im Hansaviertel Hafenstr. 64
ateliershafenstrasse.de

Café Med
Hafenweg 26a, cafe-med.de

Hot Jazz Club
Hafenweg 26b, hotjazzclub.de

Café Montmartre Wolbecker Str. 30, cafe-montmartre.de

Teilchen und Beschleuniger
Wolbecker Str. 55
teilchenundbeschleuniger.de

Aasee aaseepark.de

Skulptur-Projekte muenster.de/skulptur_projekte.html

Tante August Augustastr. 20

Südpark Bushaltestelle St.-Joseph-Kirche

für die beste Pizza der Stadt öfters ins **Café Med** direkt am Wasser. Hier tummeln sich die Hipster der umliegenden Werbeagenturen, und der italienische Küchenchef kommt zu den Tischen und schnackt mit seinen Gästen. Manchmal hört man ihn in der Küche auf Italienisch fluchen, er hat ein feuriges Temperament. Danach schlendern wir gern noch ein wenig am Hafen entlang, ein bisschen fühlt sich das an wie Urlaub. Gleich neben dem »Café Med« gibt es übrigens fast jeden Abend im **Hot Jazz Club** Sessions und Konzerte.

Normalerweise frühstücken wir mit unseren Kindern im Garten, aber wenn Gäste da sind, fahren wir am Morgen auch mal zur Wolbecker Straße und kaufen uns beim **Café Montmartre** die besten Croissants von Münster – die zerschmelzen nur so auf der Zunge. Alternativ findet man direkt gegenüber im **Teilchen und Beschleuniger,** einem gemütlichen Café mit Wohnzimmer-Atmosphäre, leckere Bagels. Und spannende Arbeiten gibt's an den Wänden auch noch zu sehen, das Café zeigt wechselnde Ausstellungen von Münsteraner Künstlern.

So gestärkt, und wenn es nicht regnet, bietet sich am zweiten Tag ein Ausflug an den **Aasee** im Südosten der Stadt an. Das künstlich angelegte Gewässer zieht im Sommer Münsteraner jeder Couleur an, die hier am See picknicken, grillen oder feiern. Ins Wasser zu springen, würden wir allerdings nicht empfehlen, der See ist für seine miese Wasserqualität berühmt-berüchtigt. Dafür entdeckt man am Ufer aber einige großartige Kunstwerke. Seit 1977 finden in Münster alle zehn Jahre die **Skulptur-Projekte** statt, eine renommierte internationale Kunstausstellung. Von diesen Skulpturen und Plastiken kauft die Stadt immer einige für den dauerhaften Verbleib an. Insgesamt verteilen sich mittlerweile 40 Stück davon über die ganze Stadt. Und am berühmtesten sind sicher die großen Kugeln von Claes Oldenburg am Ufer des Aasees. Auch der Steg, der in den See hineinragt und an dessen Ende ein kleines, offenes Häuschen steht, ist ein Teil der »Skulptur-Projekte« gewesen. Über die Internetseite der Stadt Münster kann man sich eine Karte mit den Standorten der Projekte herunterladen.

Kurze Kuchenpause im Café **Tante August** im Südviertel, dann geht's weiter in den angrenzenden **Südpark.** Dort kann man Speckbrett spielen, die Schläger dafür lassen sich im »Tante August« ausleihen. Dieses »Tennis für Arme« wird mit gelochten Holzschlägern auf einem der extra dafür angelegten Plätze gespielt, die darf man übrigens kostenlos nutzen. Außerhalb von Münster kennt man diesen Sport nur in Berlin, aber in Münster gibt es sogar eigene Stadtmeisterschaften. Ein Nachmittag vergeht wie im Fluge bei dieser typisch westfälischen Beschäftigung und ist der perfekte Abschluss für zwei Tage in unserer Heimatstadt.

Protokoll: Julia Fietz

FOTOS: PRESSEAMT MÜNSTER, ULRIKE MEYWALD, CARSTEN BOCKELMANN, FRANK SIEMERS/LAIF

1 Schöner Steg: Der kubanische Künstler Jorge Pardo entwarf den Pier im Aasee **2 Stylishe Stube:** die neue »Happy Tea Bar« in der Rosenstraße **3 Lange Nächte:** Im »Hot Jazz Club« am Hafen gibt es so gut wie jeden Abend Live-Musik **4 Beliebte Runde:** Die viereinhalb Kilometer lange Promenade ist perfekt für Radfahrer

„Erst die
Fakten,
dann die
Meinung."
FOCUS
Das Magazin.
HIER
SIND DIE
FAKTEN

DER SCHLOSSBERG erhebt sich gleich neben der Altstadt. So ist es nie weit bis zum »Kastaniengarten«, dem Biergarten mit dem schönsten Blick über Freiburg

Frei

urg

Wälder, Weinberge und nur ein Katzensprung bis nach Frankreich: Die Uni-Stadt ist wie gemacht für eine entspannte Genussreise. Lassen Sie sich dabei vom gemütlichen Charme der Altstadt nicht täuschen – Freiburg mag 900 Jahre alt sein, ist aber an vielen Orten ganz frisch und jung geblieben

FOTO: GULLIVER THEIS

DER MÜNSTERPLATZ ist seit Jahrhunderten das Zentrum der Stadt. Hier trifft man sich morgens auf dem Markt oder abends zwischen den erleuchteten Fassaden des Münsters, Freiburgs Wahrzeichen, und des »Historischen Kaufhauses« mit seinen hübschen Erkern

BÄCHLE durchziehen die Altstadt. Die historischen Kanäle dienen heute zur Abkühlung – und als Wasserstraßen für die beliebten »Bächleboote«

DIE UNI-BIBLIOTHEK ist Prestigeobjekt und Problemfall zugleich. Denn der 2015 eröffnete Bau hat einige Macken: Mal waren Stellen in der Fassade undicht, mal fielen sogar Teile davon ab

FOTOS: GULLIVER THEIS (2), GEORG KNOLL

DAS MARTINSTOR war schon Teil der mittelalterlichen Stadtbefestigung. Das heutige Aussehen geht allerdings auf die Zeit um 1900 zurück, als der Bürgermeister Otto Winterer die Stadt umgestaltete – und das alte Tor um fast 40 Meter erhöhen ließ

Der perfekte Mix

Unterwegs mit zwei Nachteulen: **Boris Gröner** und **Andreas Schöler** betreiben eine der besten Bars Deutschlands – und zeigen MERIAN-Redakteur Jonas Morgenthaler, was Freiburg kulinarisch kann

Kleine Bächle gluckern die Altstadtgassen entlang, auf dem Münstermarkt verkaufen Bauern frisch geerntetes Gemüse. Daneben sitzen Gäste bei Flammkuchen und Wein, etwas weiter werden Käsespätzle und andere Wirtshausklassiker serviert. Auf den ersten Blick strahlt Freiburg träge Gemütlichkeit aus. Geht in der grünen Vorzeigestadt kulinarisch nicht mehr? Aber sicher doch! Andreas Schöler und Boris Gröner wollen mir das einen Tag lang zeigen, vom ersten Kaffee bis zum letzten Drink – natürlich in ihrer Bar »One Trick Pony«.

Gelungener Start mit Soulfood

Wir treffen uns im »Lollo«, einer Speisekneipe im lauschigen Stadtviertel Wiehre. »Das ist der einzige Laden in Freiburg, in den ich frühstücken gehe«, sagt Andy. Bei Stefanie und Frédéric Zindler gibt es schon am Morgen bestes Soulfood: Porridge, Bagels, Brioche mit Spargel, Tomaten und Hummus, getoastete Stulle mit Roter Bete und Burrata. Später am Tag werden etwa Burger, Salate oder auch Schinkennudeln serviert. »Eine Kneipe ist für mich ein Ort, an dem ich mein Lieblingsgericht immer wiederfinde«, sagt Frédéric. »Deswegen ändern wir die Karte kaum.« Das Team arbeitet mit besten Produkten, und seit der Corona-Zeit steht in der Küche sogar ein Pacojet, mit dem Frédéric auch bei wenigen Gästen Cremes und ähnliches frisch zubereiten kann.

Scharfe Kostprobe im Hinterhof

Einen kurzen Spaziergang entfernt begrüßt uns Philip Klingel mit Schürze und Kochmütze. Er ist einer der zwei Köche hinter der Feinkostmanufaktur »Hakuna Matata«. Nebenan machen die Einkochprofis gerade Zwetschgen ein. Zum Sortiment, das von Donnerstag bis Samstag auch auf dem Freiburger Münstermarkt verkauft wird, gehören Senfe, Sirupe, Chutneys, Essige, Pastasaucen und diverse Frucht- und Gemüseaufstriche. »Wir experimentieren viel«, erzählt Philip. »Aber nur unsere persönlichen Renner kommen ins Sortiment.« Alles entsteht in Handarbeit, ein Netzwerk von rund zwei Dutzend regionalen Erzeugern sorgt für gute Zutaten, oft in Bioqualität. Philip gibt uns eine fermentierte Habaneropaste zu probieren: Sie hat ordentlich Schärfe und ein wunderbar tiefes Aroma. Experiment geglückt!

1 Hummus-Brioche mit Spargel im »Lollo« **2** Andreas Schöler und Boris Gröner vom »One Trick Pony« mit Jonas Morgenthaler und Koch Steffen Disch vor dem »Kuro Mori« (v.l.n.r.) **3** »Hakuna Matata« macht Feinkost in Gläsern

FOTOS: GULLIVER THEIS, VOLKER RENNER (3)

1

2

3

7

Freiburgs feine, freche Seiten

1 Bei »Scheinpflug« wird das Eis mit einem Lächeln serviert – und besteht aus besten Zutaten **2+3** Der beste Ort in der Altstadt für einen Gibson oder einen anderen Aperitif ist die Terrasse des »Au Contraire« **4+5** Boris Gröner ist begeistert von der Aubergine mit Burrata im Restaurant »Eichhalde«. Ein weiterer Hit: die Pasta mit Sardellen **6+7** Heimspiel: Im »One Trick Pony«, der Bar von Boris und Andy, gibt's am Schluss einen Old Fashioned mit stilvollem Rieseneiswürfel

4

6

5

Auch Spitzenköche mögen's locker

Auf unseren nächsten Stopp sind wir gespannt: Hinter dem Casual-Lokal »Kuro Mori« steht Steffen Disch, einer der besten Köche der Region. Mit Bar, vertikalem Garten, offener Küche, Stuckdecken und unverputzten Backsteinwänden ist das Ambiente erfrischend anders. »Schwarzwald trifft Asien« lautet das Motto. Wie in seinem Gourmetrestaurant »Raben« in Horben verbindet Steffen Disch auch im »Kuro Mori« fernöstliche und regionale Elemente. Abends gibt's kleine, feine Kreationen, mittags Tagesgerichte und ein dreigängiges Menü. Der Patron setzt sich dazu, wir trinken Chardonnay von Fritz Keller und essen grob geschnittenes Tatar mit Kimchi, Soja-Mayo und Teriyaki-Sauce, Reisnudeln mit Sesam und Gemüse, butterzartes Ibérico-Schwein auf Kartoffeln, Gemüse und Chorizo. Das kommt uns zwar spanisch vor, schmeckt aber köstlich.

Ein Cold Brew gegen die Sommerhitze

Die Sonne brennt, wir stellen uns unter die Wassersprüher des winzigen »Café Marcel« im Stadtpark. Philip Weller und Aurore Ceretta haben es in einem ehemaligen Kiosk an der Talstation der Schlossbergbahn eingerichtet. Es gibt französische Klassiker wie Pain au Chocolat – Aurore kommt ursprünglich aus Toulouse –, gegrilltes Bananenbrot, Herzhaftes wie Shakshuka, ein israelisches Gericht mit Tomate, Feta, Ei und Joghurtsauce, sowie spannende Kaffeespezialitäten. Die beiden Besitzer gehören zu den Pionieren moderner Kaffeekultur in Freiburg und betreiben auch eine Rösterei mit Café in Günterstal. Philip bringt einen Cold Brew, für den er 24 Stunden lang grob gemahlenen Filterkaffee aus Äthiopien in kaltem Wasser ziehen ließ und es dann gefiltert hat. Das Ergebnis ist fruchtig-intensiv – und eine willkommene Erfrischung!

Eis aus selbst geernteten Früchten

Wir spazieren zurück ins Wiehre-Viertel zu »Scheinpflug Eis« am Annaplatz. Richard Kim und Wolfgang Scheinpflug produzieren hier am Stadtrand seit Jahren Eis aus besten Zutaten, aber erst seit 2020 verkaufen sie es auch in einer eigenen Eisdiele. Richard erzählt, was drinsteckt: »Die meisten Zutaten sind bio, vieles kommt aus der Region. Früchte wie Birnen, Kirschen und Zwetschgen stammen zum Teil von unseren eigenen drei Äckern.« Übers Jahr entstehen um die 65 Sorten. Kugeln gibt's nicht, die Gäste zahlen nach Gewicht. Wir probieren uns durch Kreationen wie Ananas-Thaibasilikum oder ein Sorbet mit Roter Bete, Apfel und Ingwer. Mein Favorit wird das aromatische Pistazieneis. Allein dafür möchte ich Freiburg bald wieder besuchen!

Aperitif in bester Lage

Die lauschige Terrasse über dem Gewerbekanal, die zum »Au Contraire« gehört, ist unser Ziel für den Aperitif. Das Lokal ist ein Café mit veganen Kleinigkeiten, aber auch eine Bar. Bei Cocktails wie dem Wasabi Mule, für den Vodka mit Wasabi und Ingwer aromatisiert wurde, oder Miniatur-Klassikern wie dem Tiny Gibson – mit Vodka, Noilly Prat und Perlzwiebeln – merkt man die Bartender-Wurzeln der Betreiber: Andy und Boris kennen sie aus der gemeinsamen Zeit in der Freiburger Hotelbar »Hemingway«.

Die perfekte Pasta

Süditalien ist nur eine kurze Taxifahrt entfernt. Der gebürtige Neapolitaner Federico Campolattano stand jahrelang mit Niko Romito am Herd, einem der besten Köche Italiens. Die Liebe hat ihn nach Freiburg gebracht, im Stadtteil Herdern führt er jetzt mit seiner Partnerin Valentina Tito das Restaurant »Eichhalde«. »Du musst alles wahrnehmen, was auf dem Teller ist«, sagt er über seinen puristischen Kochstil. Auf hohem Niveau und mit besten Zutaten bereitet er scheinbar einfache, authentische Gerichte zu. Schon die knusprigen Brioches mit Pistaziencreme und Mortadella zum Auftakt sind aromatisch sehr fein abgestimmt. Auch was folgt, schmeckt hervorragend: etwa geschmorte Auberginenhälften mit Burrata und Tomaten, eine sommerlich-moderne Interpretation der »parmigiana di melanzane«, Pasta aus Gragnano mit Sardellen, Butter und Brotkrumen oder mit perfekter Carbonara. »Für mich geht's nicht besser!«, sagt Andy am Schluss.

Kreative Drinks und Cocktails in Flaschen

Letzte Station: »One Trick Pony«. Im Erdgeschoss haben Boris und Andy den »Chin-Chin«-Laden eingerichtet, in dem sie »bottled cocktails« verkaufen – ein neues, hoffentlich krisenfesteres Standbein. Die Bar selbst ist im Keller. Ein Jahr haben sie sich Zeit genommen, um alles genau so zu gestalten, wie sie es gut finden: hochwertig, aber gleichzeitig rau. Über 400 Spirituosen stehen im Regal, auch exklusive Flaschen wie ein 28 Jahre alter Laphroaig. Viele Zutaten macht das Duo selbst und benutzt dazu Geräte wie einen Rotationsverdampfer oder eine Zentrifuge. Die Cocktailkarte erneuern sie regelmäßig komplett. Gerade ist sie wie ein Underground-Fanzine aus den Achtzigern gestaltet. Darauf stehen raffinierte Kreationen wie der »Boulevard of Broken Memes« mit Scotch Whisky, PX Sherry, Estragon-Destillat und Braune-Butter-Essenz oder der »Pisco Palooza« mit Pisco, Rosmarin, Kardamon, Rosenblüte und Umeboshi. Doch ich muss mich gar nicht entscheiden, die Jungs stellen eine Runde Old Fashioned hin. Ein klarer, kräftiger Cocktail, serviert in einem Tumbler, gekühlt durch einen einzigen, riesigen Eiswürfel. Klar ist auch der selbst gemacht – und der Drink genau das Richtige nach diesem vollen Tag.

ADRESSEN

Lollo
Schwimmbadstr. 46, lollo-freiburg.de

Hakuna Matata
Günterstalstr. 35a, hakuma.net

Kuro Mori
Grünwälderstr. 2, kuro-mori.de

Café Marcel
Im Stadtgarten 1, cafemarcel.de

Scheinpflug Eis
Kirchstr. 48/Ecke Annaplatz
scheinpflugeis.com

Au Contraire
Gerberau 12, aucontraire.de

Eichhalde
Stadtstr. 91, eichhalde-freiburg.de

One Trick Pony
Oberlinden 8, onetrickpony.bar

BERLINER DOM Gegen Ende des 19. Jahrhunderts ließ Kaiser Wilhelm II. den Dom in seiner heutigen Form nach Entwürfen von Julius Carl Raschdorff errichten: im Stil der italienischen Hochrenaissance mit mächtiger Kuppel und vier Ecktürmen. Heute beherbergt der Dom, der 1944 stark beschädigt und bis 1993 renoviert wurde, die Hohenzollerngruft mit 94 Sarkophagen. Tipp: Ein besonderes Erlebnis ist ein Rundgang über den Ring, der die Kuppel umgibt – auf dem Weg dorthin zeigt der Dom seine ganze palastähnliche Grandezza. Erst geht es durch den prachtvoll dekorierten Kirchenraum, dann durch ein weitläufiges Treppenhaus, vorbei an der einstigen Kaiserloge und einem Museum, das die Geschichte des Gebäudes dokumentiert. Durch immer schmalere Treppenhäuser führen die Stufen immer weiter nach oben, bis eine Tür auf den von einer massiven Brüstung umgebenen Ring führt: Hier fällt der Blick auf die Museumsinsel, den Lustgarten, das Humboldt Forum und weit über die Dächer der Stadt.
Haltestelle Museumsinsel, berlinerdom.de

U5 BERLINS NEUE LEBENSADER

REICHSTAGSGEBÄUDE Mitunter ist vom »Reichstag« die Rede, wenn der »Bundestag im Reichstagsgebäude« gemeint ist – einen Reichstag hat Deutschland glücklicherweise nicht, auch wenn es im Bundestag vielleicht einige gibt, denen das ganz recht wäre. Das berühmteste Wahrzeichen der Bundesrepublik war ein hart umkämpfter Kompromiss: Stararchitekt Norman Foster hatte das alte Gebäude in seinem ersten Entwurf noch mit einem Baldachin überzogen. Eine Kuppel, wie der Reichstag sie bei seiner Einweihung 1894 hatte, lehnte Foster ab. Die Parlamentarier aber bestanden darauf, also machte Foster neue Entwürfe, 27 sollen es gewesen sein, bis am Ende das heutige Exemplar herauskam. In der Mitte befindet sich ein trichterförmiges Lichtumkehrelement, dessen 360 Spiegel das Sonnenlicht in den Plenarsaal reflektieren. Der Besuch von Kuppel und Dachterrasse ist nur nach Anmeldung möglich, am besten frühzeitig über die Website, aber man kann es auch spontan beim Besucherdienst neben dem Berlin-Pavillon versuchen. **Haltestelle Bundestag, bundestag.de/besuche**

BRANDENBURGER TOR Ob Public Viewing zum WM-Finale oder Silvesterfeier: Was mit Bedeutung aufgeladen ist, findet normalerweise vor dem 26 Meter hohen Wahrzeichen statt. Schon 1791 wurde es fertiggestellt, Vorbild waren die Propyläen der Athener Akropolis. Bis 1989 war das Tor Symbol der Trennung, seit dem Fall der Mauer ist es Symbol der Freiheit. Zu Zeiten der DDR standen hier noch hohe Podeste, von denen man über die Mauer gen Osten schauen konnte. Die britische Premierministerin Margaret Thatcher soll von dem Anblick so erschüttert gewesen sein, dass ihr die Tränen kamen. Wer heute am Brandenburger Tor mal ein paar Minuten für sich braucht, findet im Nordflügel den »Raum der Stille« – betrieben wird er von einem Verein, der sich für mehr Ruhe in der Hektik der Großstadt einsetzt. **Haltestelle Brandenburger Tor**

HAUPTBAHNHOF

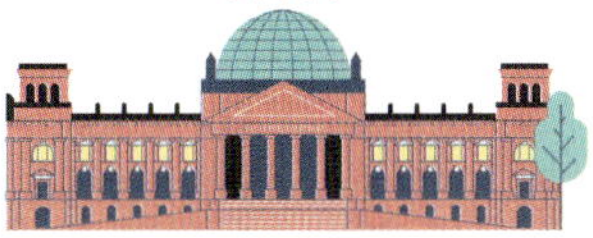

BUNDESTAG

BRANDENBURGER TOR

UNTER DEN LINDEN

FOTOS: PHILIP KOSCHEL; ELXENEIZE, ENGEL.AC/STOCK.ADOBE.COM; ILLUSTRATION: VISITBERLIN

WINDSOR

MUSEUMSINSEL Von der Outdoor-Ausgelassenheit im Monbijoupark vor dem Bodemuseum (links) bis zur wohltemperierten Stille bei der »Nofretete« im Neuen Museum (rechts): Die Museumsinsel bietet eine unglaubliche Vielfalt an spektakulären Erlebnissen und wurde wegen ihrer herausragenden kulturellen Bedeutung schon 1999 ins Welterbe der UNESCO aufgenommen. Fünf Museen, zwischen 1855 und 1930 errichtet, zeigen Kunstwerke von internationalem Rang. Stärkster Anziehungspunkt ist das Pergamonmuseum mit seiner Antikensammlung und seinem Museum für Islamische Kunst, aber da gibt es noch so viel mehr: Im Bode-Museum ist die Skulpturensammlung zu sehen, das Neue Museum beheimatet das Ägyptische Museum, die Alte Nationalgalerie zeigt Gemälde und Skulpturen vom Klassizismus bis zur Moderne, im Alten Museum liegt der Schwerpunkt auf der klassischen Antike. Tipp: Beginnen Sie Ihren Besuch in der 2019 neu eröffneten James-Simon-Galerie, einem Besucher- und Informationszentrum nach Plänen des britischen Architekten David Chipperfield.

Haltestelle Museumsinsel
museumsinsel-berlin.de

ALEXANDERPLATZ Der erste Bauabschnitt der U5 wurde bereits 1930 fertiggestellt und führte vom Alexanderplatz nach Friedrichsfelde. Die Baustelle für den riesigen unterirdischen U-Bahn-Knoten hat sogar Einzug in die Weltliteratur gehalten: Sie ist mehrmals Schauplatz der Handlung in dem 1929 erschienenen Roman »Berlin Alexanderplatz« von Alfred Döblin. Der Platz wurde 1805 nach dem russischen Zaren Alexander benannt, bis etwa 1850 befanden sich hier ein Marktplatz und ein Exerzierplatz für das Militär, mit der Errichtung des Bahnhofs im Jahr 1882 und der Eröffnung eines Kaufhauses 1911 näherte sich der Platz seinem heutigen Charakter an. Noch heute wird er von Einkaufszentren und Geschäften gesäumt, viele Reisende bestaunen hier DDR-Ikonen wie den 368 Meter hohen Fernsehturm, die Weltzeituhr und den Brunnen der Völkerfreundschaft. Ebenfalls sehenswert: Auf der gegenüberliegenden Seite des Platzes, direkt an der Karl-Liebknecht-Straße, steht die im Stil der norddeutschen Backsteingotik gestaltete St. Marienkirche. **Haltestelle Alexanderplatz**

MUSEUMSINSEL

ROTES RATHAUS

U-BAHN MUSEUMSINSEL Als die Ingenieure die neue U-Bahn-Station Museumsinsel (oben) planten, sahen sie sich vor eine besondere Aufgabe gestellt: Der Boden unter Berlin ist ohnehin sehr sandig und weich, und die Station sollte unter dem Spreekanal liegen, der Untergrund war also auch noch ziemlich feucht. Wie soll man da einen Tunnel graben? Die Lösung: Sie froren den Boden ein – zu einem Block von etwa 100 Metern Länge, 28 Metern Breite und zehn Metern Höhe, insgesamt 28 000 Kubikmeter. Dafür bohrten sie mehr als 100 sogenannte Vereisungslanzen in die Erde und füllten sie bei einer Temperatur von -34 Grad Celsius mit Sole. 80 Tage dauerte es, bis der Erdblock gefroren war, und damit hat Berlin mal wieder einen Superlativ gewonnen: Es ist die bislang größte Vereisung, die je in einer europäischen Stadt durchgeführt wurde. So spektakulär wie die Bauarbeiten ist auch das Ergebnis: An der Decke der Haltestelle funkeln heute 6662 Lichtpunkte auf einem dunkelblauen Untergrund. Das Design zitiert damit das Motiv, mit dem der preußische Architekt Karl Friedrich Schinkel im Jahr 1816 sein Bühnenbild zu Mozarts Oper »Die Zauberflöte« schmückte. **projekt-u5.de**

ALEXANDERPLATZ

ROTES RATHAUS Wegen seiner Fassade aus roten Ziegelsteinen wird das Berliner Rathaus mit seinem 74 Meter hohen Turm auch »Rotes Rathaus« genannt. Es wurde im Stil der Neo-Renaissance erbaut und 1869 fertiggestellt – damals gehörte es neben dem Berliner Schloss zu den größten Gebäuden der Stadt. Zu DDR-Zeiten residierte hier der Magistrat von Ost-Berlin, während der West-Berliner Senat im Rathaus Schöneberg tagte. Wer sich das Gebäude von innen anschaut, dem mag einiges bekannt vorkommen: Hier wurden für die Hit-Serie »Babylon Berlin« die Sequenzen im Polizeipräsidium von Protagonist Gereon Rath gedreht. Die neue Haltestelle Rotes Rathaus der U5 zitiert Elemente eines Rathauses aus dem Mittelalter, das hier bei archäologischen Arbeiten entdeckt wurde: Die Köpfe der Stützen verbreitern sich nach oben in Trichterform und ähneln damit der Linienführung des gotischen Gewölbes in dem ausgegrabenen mittelalterlichen Bauwerk. **Haltestelle Rotes Rathaus**

FOTOS: LUKAS SPÖRL, MULINARIUS/VISITBERLIN, ILLUSTRATION: VISITBERLIN

FRANKFURTER TOR

MAGDALENENSTRASSE

DDR-MUSEUM Es scheint als belegt zu gelten, dass das Wissen junger Menschen über die DDR äußerst lückenhaft ist – um so erfreulicher, dass das DDR-Museum in zentraler Lage der Hauptstadt über das Leben und den Alltag in dieser deutschen Diktatur informiert. Die Abbildung der Lebensbereiche ist vielfältig, vom originalgetreu nachgebauten Kinder- und Wohnzimmer über Informationen zu Handel, Wirtschaft und Beruf bis zu Technik und Wissenschaft, auch die Geschichte des Palastes der Republik an der Stelle des heutigen Humboldt Forums findet Erwähnung. Das Museum verzichtet bewusst auf eine mancherorts anzutreffende Verharmlosung der DDR und zeigt auch die Kontrolle und Drangsalierung der Bürgerinnen und Bürger durch die Arbeit des Staatssicherheitsdienstes. Insgesamt ist das DDR-Museum damit ein lehrreicher, aber auch unterhaltender Ort, besonders für Familien – und nicht nur als Alternativprogramm für regnerische Tage.
Haltestelle Museumsinsel oder Rotes Rathaus, ddr-museum.de

KARL-MARX-ALLEE Die Kreuzung an der Haltestelle Frankfurter Tor wird gerahmt von den hohen Türmen zweier Eckbauten der Karl-Marx-Allee. Der Bau der anfangs als Stalinallee bezeichneten Straße war ein gigantisches Projekt: Von 1952 bis 1960 dauerten die Arbeiten, 38 Millionen Ziegel wurden für die mehr als 2700 Wohnungen verbaut. Dass die Karl-Marx-Allee ganze 90 Meter breit ist, hatte vor allem praktische Gründe – hier fanden regelmäßig Paraden der DDR statt, Panzer rollten bedrohlich über den Asphalt, und schier endlos daherkommende Reihen von Soldaten demonstrierten einen Gleichschritt, der wohl als Metapher für die ganze Gesellschaft diente. 1961 wurde die Straße nach einem dogmatischen Umschwung in Moskau umbenannt, der westliche Teil heißt bis heute Karl-Marx-Allee, der östliche Frankfurter Allee. Ein Spaziergang, auf dem man die ganze sozialistische Breitschultrigkeit dieses Boulevards gut spüren kann, beginnt am Frankfurter Tor und führt nach Westen unter schattigen Bäumen vorbei an Geschäften mit riesigen Schaufenstern und gemütlichen Restaurants, vor denen man im Sommer schön draußen sitzen kann.
Haltestelle Frankfurter Tor

TIERPARK

ELSTERWERDAER PLATZ

TIERPARK Das ist zugegebenermaßen alles ein wenig verwirrend: Es gibt in Berlin einen Tiergarten, das ist der Park rund um die Siegessäule, und dann gibt es noch den Zoo am Bahnhof Zoo. Und was ist dann der Tierpark? Die Antwort: Nach der Teilung Berlins lag der Zoo im Westen der Stadt, also gründete Ost-Berlin seinen eigenen, nannte ihn aber Tierpark – wohl deswegen, damit niemand auf die Idee kam, man wollte etwas haben, was der Klassenfeind zuerst hatte. 1955 wurde die Anlage im Park von Schloss Friedrichsfelde eröffnet, heute ist der Tierpark mit einer Fläche von 160 Hektar der größte Landschaftstiergarten in Europa. Etwa 9000 Tiere leben auf dem Areal, der Tierpark ist beteiligt an mehreren Artenschutzprogrammen: Streifenhyänen, Kaiseradler, Eisbären und viele andere paaren sich hier zum Erhalt ihrer Spezies, wohlwollend beobachtet von Wissenschaftlern auf der ganzen Welt.

Haltestelle Tierpark, tierpark-berlin.de

KIENBERG (GÄRTEN DER WELT)

KIENBERG UND GÄRTEN DER WELT Berlin ist nicht dafür bekannt, alpine Sehnsüchte hervorzurufen, aber immerhin kann die Stadt mit einer Seilbahn aufwarten: Sie führt von der U-Bahn-Station Kienberg über das einstige Gelände der Internationalen Gartenausstellung (IGA) auf den 110 Meter hohen Kienberg, dann weiter hinab zu den Gärten der Welt. Die wurden 1987 zur 750-Jahr-Feier Berlins eingerichtet und haben bis heute nichts von ihrer Strahlkraft verloren: Auf einer Fläche von 43 Hektar schaffen verschiedene Gärten das Flair entfernter Länder, darunter etwa ein Irrgarten im Stil des Hampton Court bei London und ein koreanischer Garten mit Toren und Höfen – ein Geschenk der Stadt Seoul. Am beeindruckendsten ist vielleicht der chinesische Garten, für den alle Hölzer, Steine und Skulpturen in 18 Containern auf dem Seeweg nach Deutschland verschickt und von chinesischen Facharbeitern zu einem Ensemble zusammengefügt wurden, arrangiert um einen 4500 Quadratmeter großen See.

Haltestelle Kienberg (Gärten der Welt), gaertenderwelt.de

DAS GRABEN HAT SICH GELOHNT!

SO VIEL BRINGT DIE NEUE U5 FÜR REISENDE UND FÜR BERLIN

Zwei Kilometer neue Strecke, zehn Jahre Bauzeit, drei neue Bahnhöfe und erwartete 150 000 Fahrgäste täglich: Die durchgehende U5, die um den Abschnitt zwischen Alexanderplatz und Brandenburger Tor ergänzt und mit der früheren U55 zusammengelegt wurde, soll sowohl die U2 als auch den Verkehr auf der Straße Unter den Linden entlasten – und verbindet jetzt die schönsten Ziele für Reisende. Unter projekt-u5.de und visitberlin.de erfahren Sie mehr über Technik und Ziele dieses riesigen Bauprojekts.

FOTOS: ILLUSTRATION: VISITBERLIN, OLE BADER/GRÜN BERLIN GMBH

Fran

DIE SKYLINE ist das Sinnbild schlechthin für Frankfurts Dynamik. Als höchste Spitze ragt seit mehr als 20 Jahren der inklusive Antenne fast 300 Meter hohe Commerzbank-Tower heraus

Die Main-Metropole setzt sich aus vielen Frankfurts zusammen, die ineinander verschachtelt sind und gemeinsam eine mitreißende Energie entwickeln. Und das Beste an diesem Großstadtdschungel: Man kann ihn wunderbar zu Fuß erkunden

kfurt

FOTO: ANJA JAHN

DAS JÜDISCHE MUSEUM im Rothschild-Palais erstreckt sich seit Herbst 2020 auch über den neuen markanten Erweiterungsbau. Auf dem Vorplatz steht diese elf Meter hohe Skulptur des israelischen Künstlers Ariel Schlesinger

Auf Genuss-Weltreise …

… durch Frankfurt ging Philipp Elsbrock, Chefredakteur von »Falstaff«, mit dem Koch **Anton de Bruyn.** Sein Fazit: Die Küchen dort sind so vielfältig wie die Fassaden

Es gibt nicht ein Frankfurt, sondern sehr viele verschiedene kleine und große Frankfurts. Und die haben nochmal Fahrt aufgenommen in den letzten Jahren. Die Skyline wächst mit jedem Tag, Menschen aus aller Welt zieht es in die Main-Metropole, Viertel entstehen neu oder verdichten sich. Mit der Neuen Altstadt wurde gleichzeitig Historisches rekonstruiert und Neues erschaffen, im Osthafen entsteht jede Menge innovative Architektur, das Bahnhofsviertel bleibt ein hartes Pflaster, hat sich aber auch zum kulinarischen Hotspot entwickelt – so wie die ganze Stadt. Und die zeigt mir Anton de Bruyn, 33, gebürtiger Frankfurter und seit 2017 Küchenchef im Restaurant »Emma Metzler«.

Frühstück in der Schirn

Wir treffen uns an der Schirn Kunsthalle, Anton tritt aus dem Ausstellungshaus gleich beim Römer auf mich zu und fragt: »Erst mal Kaffee, oder?«. Na klar! Im »Badias«, dem Café der Schirn, sind wir fast unter uns. In Frankfurt wird viel »Big Business« gemacht, die Zeit, unter der Woche morgens schon auswärts zu essen, nimmt sich hier kaum jemand. Dabei ist ein Frühstück bei Badia Ouahi ein besonders schöner Luxus. Badia ist studierte Sozialpädagogin, ihre wahre Berufung scheint sie aber in dem hellen Café gefunden zu haben. Probier-Befehl: Buttermilch-Pancakes mit Ahornsirup und Heidelbeeren. Porridge mit Früchten. Oder herzhaft: Eggs Benedict mit Bacon, Hollandaise-Sauce und warmem Challah-Brot, einem israelischen Brioche. Als Abschluss auf jeden Fall Labneh: sahniger Joghurt mit Honig und gerösteten Mandeln. Und natürlich eine Runde durch eine der Ausstellungen der Schirn, viele davon waren in den letzten Jahren Kunst-Blockbuster.

Legendäre Wurst

Anton muss noch ein paar Zutaten für sein Restaurant besorgen, seine Köche haben diverse Wünsche. Und die lassen sich am besten in der Kleinmarkthalle erfüllen, an den rund 60 Ständen in dem 50er-Jahre-Bau mit ordentlich Patina gibt es so ziemlich alles. »Die Halle sollte man sich nicht entgehen lassen«, sagt Anton. Und wenn man schon einmal da ist, sollte man noch etwas auf keinen Fall verpassen: einen eher schlichten Stand am Rande. Dort verkauft die legendäre Ilse Schreiber ihre Frankfurter

1 Kulinarisches aus aller Welt an mehr als 60 Ständen: in der Kleinmarkthalle mitten in der Stadt **2** Kunstvoller Start in den Tag: im »Badias«, dem Café in der Kunsthalle Schirn **3** Genießer unter sich: Autor Philipp Elsbrock und Koch Anton de Bruyn am »Maincafé«

2

3

1

Diese Stadt hat Geschmack

Unser Autor Philipp Elsbrock **(1, rechts)** und sein Frankfurt-Guide Anton de Bruyn saßen und aßen überall sehr gut: Mittags auf der Terrasse des »Emma Metzler« im Museum Angewandte Kunst gab es Forelle **(2+3)**, abends im »Chairs« geräucherten Forellenkaviar **(4+5)**. Vom Eisernen Steg **(7)** genossen die beiden den Blick auf die Skyline, in der Bar »AMP« saßen sie bei einem Old Fashioned am Fuße einiger ihrer höchsten Türme **(1+6)**

4

7

6

5

Rindswurst, für die man in der Stadt gerne Schlange steht. »Um zwölf geht die Schlange bis zum Eingang«, sagt Anton. Also schnell zuschlagen. Zur Rindswurst gibt es Essiggurken und ein Brötchen.

Espresso wie in Rom

In zehn Minuten laufen wir über die Shoppingmeile Zeil und durch die kleine Schäfergasse gefühlt nach Italien, wo Paul Zweigle einen Kaffee nach dem anderen aufbrüht. »Männer, schön, dass ihr da seid!«, ruft er uns entgegen. »The Espresso Bar« wirkt wie ein umgepflanztes Stück Rom: winzig, mit Schwarz-Weiß-Fotos an der Wand, wenige Stehplätze. Paul befüllt die Siebträger-Maschine und stellt uns dunkel-kräftigen Espresso mit dicker Crema hin. »Hier, ich hab noch was für euch«, sagt er, holt Gläser aus dem Gefrierschrank und füllt sie mit Amaro, einem Bitterlikör aus Italien, der den Appetit anregt. Und langsam ins Hirn sickert.

Lunch am Museumsufer

Der schönste Fußweg auf die andere Mainseite ist der Eiserne Steg, weil man von dort wirklich alles im Blick hat: die Skyline, den Dom, das EZB-Gebäude, das Sachsenhäuser Ufer, wo sich ein Museum ans andere reiht. Und da gehen wir jetzt hin, denn dort, im Foyer des Museums Angewandte Kunst, liegt Antons Reich: das »Emma Metzler«. Wir setzen uns draußen auf die Terrasse mit Blick auf den Metzler-Park und bekommen einige von Antons Kreationen serviert: marinierten Mozzarella, Rindertatar, Sauerteigbrot, Taunusforelle. Bevor Anton hier ans Werk ging, hat er in Hamburg, Wien und London gearbeitet, immer in Spitzenrestaurants. »Aber die Zeiten von Sterne-Küche sind vorbei«, sagt er selbst. Und hat sich hier seine eigene, köstliche Zukunft geschaffen.

»Stöffche« mit Aussicht

Das Mittagstief hat sich herangeschlichen, und wir umarmen es, zelebrieren es, lassen uns darin versinken. Genauer gesagt befinden wir uns schon in der Waagerechten: auf einer Wiese direkt am Mainufer, entspannt im Schatten, lockere fünf Minuten Fußweg von Antons Restaurant entfernt, mit Himmelsfernseher auf den Bürotürmen gegenüber. Das »Stöffche« (Ebbelwoi, sauer gespritzt, versteht sich!) trinkt man im »Maincafé« eigentlich zu jeder Tages- und Nachtzeit. Und hier erlebt man, dass die Frankfurter so facettenreich sind wie ihre Stadt: Studenten in kurzer Hose, Banker aus den Türmen gegenüber in Anzug und mit Krawatte, ältere Pärchen, Familien, alle kommen am Fluss zusammen.

Beim Sommelier in den Abend starten

Wir müssen nochmal zurück zur Kleinmarkthalle beziehungsweise zu ihrem Nachbarn Christian Lebherz, einem Sommelier, der eine Weinhandlung namens »Cool Climate« betreibt. Von dort bezieht Anton einen Großteil seiner Weine – und nicht nur er, der Laden ist ein Hotspot der Frankfurter Gastronomie-Szene, regelmäßig trifft Anton hier Freunde und Kollegen zum Tasting. Christian verkauft nur Weine, die gar nicht oder minimal geschwefelt sind und deren Winzer eine naturnahe Philosophie verfolgen. Einige Flaschen stehen bereit, wir probieren hier und da. Tipp: Montags ist dort »Ausschank-Abend«, dann kann man einen Wein nach Wahl vor Ort genießen, bekommt dazu Snacks und gute Gesellschaft.

Fleischlos glücklich

Bisher konnten wir alles locker laufen, zum Abendessen fahren wir nach Bornheim ins »Chairs«, wo nicht nur wir, sondern auch alle anderen Gäste auf Design-Klassikern sitzen: Eames Chairs, in verschiedenen Farben und Formen. Stühle und Zutaten, darauf legen sie hier großen Wert. Der Käse stammt aus Offenbach, das Fleisch von Bauern aus der Region. Zweimal im Monat wechselt die Karte, nur eine Handvoll Standards bleibt gleich. Dennis Aukili ist der Koch und zusammen mit seinem Geschäftspartner Milan Müller auch Inhaber des Ladens. Er bringt uns Zucchini mit gebranntem Ziegenrahm, Saiblingstatar mit Buttermilch und Gurke und gegrilltes Steak von der Ochsenherztomate. Fleisch vermissen wir nicht. Und das Dessert begeistert sowieso jeden: warmes Schokoladenküchlein mit Salzflocken, Karamellcreme und Vanille-Eis.

Negroni am Fuß von Frankfurts Türmen

Der Abend endet dort, wo das Bahnhofsviertel ausläuft und das Bankenviertel beginnt, in der Bar »AMP«, die von einem Frankfurter Ur-Nachtgewächs betrieben wird: Ata Macias, auch bekannt als Gründer des Clubs »Robert Johnson« in Offenbach. Zeit für Negroni, Zeit für Old Fashioned. Die Außenterrasse des »AMP« (kurz für Amplifier) liegt direkt an der Gallusanlage, und das heißt: Blick auf den Commerzbank-Tower, auf den (alten) Eurotower, auf den Taunusturm und auf den Gardentower. Ein DJ legt auf, wir feiern ein bisschen – diesen sehr gelungenen Abend und diese Stadt, die mir heute nochmal ordentlich Appetit auf mehr Frankfurt gemacht hat.

ADRESSEN

Badias
Römerberg 6a, badias.de

Kleinmarkthalle
Hasengasse 5-7, kleinmarkthalle.de

The Espresso Bar
Schäfergasse 42-44
theespressobar.de

Emma Metzler
Schaumainkai 17, emmametzler.de

Maincafé
Schaumainkai 50, maincafe.net

Cool Climate
Berliner Str. 20, coolclimate.de

Chairs
Gronauer Str. 1, chairsffm.de

AMP
Gallusanlage 2

Top 5

1 PAULSKIRCHE

Außer dem Hambacher Schloss wird kein anderes Gebäude in der Bundesrepublik so sehr mit dem Ursprung der deutschen Demokratie verbunden wie die Paulskirche. »Wiege der Demokratie« wird sie genannt, und die Frankfurter sind stolz auf ihre symbolträchtige Sandsteinkirche in der Altstadt. Für etwas mehr als ein Jahr tagte dort ab 1848 die erstmals vom Volk gewählte Nationalversammlung und arbeitete an der ersten Verfassung für das, was einmal ein Nationalstaat werden sollte. Heute ist der Rundbau vor allem ein Ort der Erinnerung. Und einer, der sanierungsbedürftig ist. Bis 2023, also zum 175-jährigen Jubiläum der Nationalversammlung, soll die Paulskirche erneuert werden und ein zeitgemäßes Dokumentationszentrum entstehen.
Paulsplatz 11

2 STÄDEL

STÄDEL Ein rundum beeindruckendes Allround-Kunstmuseum! Ganz oben hängen die Alten Meister wie Vermeer oder Botticelli, ein Stockwerk tiefer taucht man in die Moderne ein, etwa durch die zahlreichen Werke der Brücke-Künstler. Und in den Gartenhallen, einem unterirdischen Anbau, nimmt sich die Gegenwart viel Platz für Stars wie Gerhard Richter oder Julian Schnabel. Gründungsvater des Museums war der Kaufmann Johann Friedrich Städel, der 1815 der Stadt seine hochkarätige Kunstsammlung vermachte. Seitdem ist der Museumsbestand enorm gewachsen. Schaumainkai 63, staedelmuseum.de

3 NEUE ALTSTADT

Seit 2018 hat Frankfurt ein kleines Stück seiner im Krieg verlorenen Kleinteiligkeit zurück. Die Skepsis war groß, doch inzwischen haben viele Frankfurter das im Mai 2018 eröffnete Areal zwischen Römerberg und Dom ins Herz geschlossen. Es gilt nun als Modell für einen gelungenen architektonischen Mix: aus historischen Rekonstruktionen wie der »Goldenen Waage« und Neubauten, die Historie zeitgenössisch interpretieren, wie dem Stadthaus am Markt.
domroemer.de

4 HAFENPARK

Mehr als 1300 Bürger beteiligten sich 2009 in einer Online-Befragung zur Planung der Grünanlage im Ostend. Das vier Hektar große Ergebnis kann sich sehen lassen, man kann sich entspannt ins Gras fallen lassen, auf einer Bank picknicken oder Trampolin springen – und alles um einen herum ruft: »Frankfurt, du schönes Großstadtdorf!« Beeindruckend ist die Skate- und BMX-Anlage, auch »Concrete Jungle« genannt, oft kann man dort Profis bei ihren Stunts zusehen. Auf dem Main, der nur wenige Meter entfernt fließt, schippern die Schiffe gemächlich in Richtung Skyline. Und seit 2014 ragt gleich nebenan die Europäische Zentralbank 185 Meter hoch in den Himmel. Auch manch EZB-Mitarbeiter macht jetzt Mittagspause im Grünen.

5 JÜDISCHES MUSEUM

JÜDISCHES MUSEUM Deutschlands ältestes jüdisches Museum, 1988 eingeweiht, hat zwei Standorte: Im Museum Judengasse (Battonnstr. 47) stehen fünf ausgegrabene Ruinen im Zentrum, die zum ältesten jüdischen Ghetto Europas gehörten. Rundum saniert eröffnete auch das Rothschild-Palais 2020 wieder (Bertha-Pappenheim-Platz 1). Seine Ausstellung folgt der jüdischen Geschichte von 1800 bis heute und erzählt das Schicksal dreier Frankfurter Familien, darunter die Bankiersfamilie, die einst zwischen diesen Wänden lebte. juedischesmuseum.de

FOTO: ANJA JAHN

1 Schöner Platz zum Probieren: In der »Vertical Weinbar« gibt's stets rund 40 offene Weine
2 Fassaden in Pastell: die Gründerzeithäuser an der **Oppenhoffallee** im Frankenberger Viertel

Wer gerne nascht, sollte unbedingt einen Stopp im **Domlädchen** einlegen. Der Laden ist winzig, die Auswahl an Lakritz, Bonbons, Weingummis und Lollis dafür riesig. Hier war ich schon als Kind mit meinem Opa, und wahrscheinlich war er selber schon als Kind hier, denn den Laden gibt es seit mehr als 125 Jahren. Den Rest des Nachmittags würde ich einfach über den historischen Katschhof und die angrenzenden Straßenzüge schlendern. Zu den vielen sehenswerten Häusern hier gehört etwa das **Couven Museum,** das sehr gut gemacht ist und das bürgerliche Leben im 18. und 19. Jahrhundert dokumentiert.

Wer mag, sollte gegen Abend einen Spaziergang gen Norden zum **Lousberg** unternehmen. Er ist die höchste Erhebung der Innenstadt und ein schöner Ort, um den Sonnenuntergang zu beobachten. Wo meine Gäste den Tag ausklingen lassen, ist natürlich klar: Auf dem Augustinerplatz, den meine beiden Bars säumen! Im **Wingman** gibt es mehr als hundert Biere und die dazu passenden Spirituosen, in der **Dry Liquid Supper Bar** servieren wir leckere Cocktails und bieten Gin-Tastings an. Weinliebhaber kommen bei unserem Nachbarn in der **Vertical Weinbar** auf ihre Kosten.

Für den Start in den nächsten Tag empfehle ich ein leckeres Frühstück im Café **Lammerskötter** im Stadtteil Burtscheid und danach einen Spaziergang durch den Kurpark. Das Wasser des Brunnens stammt aus der Rosenquelle, schon die Römer wussten dieses rund 60 Grad warme, mineralstoffreiche Wasser zu schätzen, später machte es Burtscheid zu einem beliebten Kurort. Für alle, die den Tag im Grünen verbringen möchten, bietet sich anschließend ein Ausflug in die Umgebung an, etwa zum **Dreiländereck** auf dem Vaalserberg, fünf Kilometer westlich von Aachen, wo sich Belgien, die Niederlande und Deutschland aneinanderschmiegen. Familien mögen hier den Spielplatz und das Heckenlabyrinth**,** außerdem gibt es Aussichtstürme und Cafés, in denen man gutes belgisches Bier kosten kann.

Und am Nachmittag? Architektonisch ganz anders als die Innenstadt, aber ebenso schön, ist das Frankenberger Viertel, wo sich etwa an der Oppenhoffallee herrschaftliche Gründerzeithäuser aneinanderreihen. Gleich um die Ecke liegt der **Oecher Eis-Treff,** ein Must-stop! Während man »Schokoladentraum« oder »Erdbeerglück« schleckt , schlendert man zum **Frankenberger Park** und wirft einen Blick auf die **Burg Frankenberg,** eine ehemalige Wasserburg, auf der im Sommer Open-Air-Veranstaltungen stattfinden. Kulturinteressierten lege ich auch noch den Besuch zweier Museen ans Herz: Im **Ludwig Forum für Internationale Kunst** ist Pop-Art und moderne Kunst von Andy Warhol bis Gerhard Richter zu sehen, das **Suermondt-Ludwig-Museum** zeigt herrliche mittelalterliche Skulpturen und Werke von Cranach bis Rembrandt. Und um nicht hungrig die Heimreise antreten zu müssen, ist mein letzter Tipp der Besuch des über 300 Jahre alten Traditionslokals **Am Knipp** in der Innenstadt– mit gutbürgerlichen Speisen im geschichtsträchtigen Ambiente, ein krönender Abschied des City-Trips nach Aachen.

Protokoll: Alexandra Frank

ADRESSEN

Kaffee Erhard Jakobstr. 96, kaffee-erhard.de

Centre Charlemagne Katschhof 1, centre-charlemagne.eu

Day Du Kleinmarschierstr. 74, daydu.de

Zum Goldenen Einhorn, Markt 33, zum-goldenen-einhorn.com

Domschatzkammer Johannes-Paul-II.-Str. aachener-domschatz.de

Domlädchen Münsterplatz 27 domlaedchen-aachen.de

Couven Museum Hühnermarkt 17, couven-museum.de

Lousberg Im Norden, ca. 25 Minuten Fußweg vom Markt

The Wingman Annuntiatenbach 3, thewingman.de

Dry Liquid Supper Bar Kockerellstr. 15, dry-supperbar.de

Vertical Weinbar Kockerellstr. 13, dieweinbar.de

Lammerskötter Kapellenstr. 2 lammerskoetter.de

Dreiländereck, Vaals drielandenpunt.nl

Oecher Eis-Treff Bismarckstr. 72, facebook.com/Eistreff, geöffnet März bis Mitte Oktober

Frankenburger Park und Burg Frankenberg burgfrankenberg.de

Ludwig Forum für Internationale Kunst Jülicher Str. 97-109 ludwigforum.de

Suermondt-Ludwig-Museum Wilhelmstr. 18 suermondt-ludwig-museum.de

Am Knipp Bergdriesch 3, amknipp.de

SEHEN, WAS SICH LOHNT!
MERIAN SCOUT
200 x LÜBECK
MERIAN SCOUT
200 x SAARLAND
MERIAN SCOUT
200 x AACHEN
MERIAN SCOUT
200 x FREIBURG
MERIAN SCOUT
200 x BRAUNSCHWEIG
MERIAN SCOUT
200 x BERLIN
Außerdem erschienen: Stuttgart, Leipzig, Hamburg, Frankfurt
200 X ENTDECKEN. ERLEBEN. GENIESSEN.
Alle Ausgaben in guten Buch- und Zeitschriftenläden oder unter www.merian-shop.de/scout
MERIAN SCOUT
SEHEN, WAS SICH LOHNT!

Vergessen Sie mal den Titel »Autostadt« und spazieren Sie einfach los, über Hunderte Treppen im Grünen und durch entspannte Viertel. Sie werden eine Kultur- und Architektur-Metropole entdecken – und unterwegs sehr gut essen!

Stutt

FOTO: GERALD HÄNEL

DER SCHLOSSPLATZ ist historisches Zentrum und Spielwiese in einem. Der Gläserne Kubus krönt das Kunstmuseum, die Arkaden gehören zum Königsbau aus dem 19. Jahrhundert, der heute mit einem Shoppingcenter verbunden ist

DAS STUTTGARTER BALLETT ist eines der renommiertesten Ensembles der Welt. Seine Auftritte im Opernhaus sind entsprechend gefeiert und meist schnell ausverkauft

FOTOS: STUTTGARTER BALLETT, DAIMLER AG, GEORG KNOLL

DAS MERCEDES-BENZ MUSEUM erzählt eindrucksvoll die Geschichte des Automobils. Das Haus ist ebenso sehenswert wie es die vielen Modelle aus zig Jahrzehnten sind

DIE WEISSENHOFSIEDLUNG, hier das Eckhaus von Hans Scharoun, gilt als Meilenstein der Architekturgeschichte. Sie entstand 1927 unter der Leitung von Ludwig Mies van der Rohe

DIE NEUE STAATSGALERIE ist eines der wichtigsten Werke der Postmoderne, eröffnet 1984. Zusammen mit der Alten Staatsgalerie zeigt sie hochkarätige Kunst vom 14. Jahrhundert bis in die Gegenwart

1 Die Autorin vor einem Teller Buntes in der »Metzgerei« am Bismarckplatz … 2 … und bei der Qual der Wahl im »Tarte und Törtchen« 3 Überzeugt optisch und geschmacklich: der Kaffee im »Mókuska«

Ein Fest für die Augen

Und der Gaumen feiert mit: **Tinka Dippels** Gastro-Lieblinge – vom Imbiss bis zur Tresor-Bar – müssen sich an Kunstfertigkeit hinter Stuttgarts Kulturschätzen nicht verstecken

MERIAN sei Dank durfte ich fast ein Jahr lang gelegentliche Wahl-Stuttgarterin werden und mir ein Bild davon machen, dass die Stadt und ihre Verkehrswege ihren Ruf weit übertreffen. Ich lief mit wachsender Begeisterung die »Stäffele«, unzählige kleine und große Treppen an Stuttgarts Kessel-Hängen, auf und ab, ich fiel von einem Museum ins andere – und mein Geschmackssinn freute sich mindestens so sehr über jede Ankunft an Deutschlands umstrittenstem Bahnhof wie ich. Denn Stuttgart übertrifft auch das Linsen-und-Spätzle-Klischee bei Weitem. Am besten beginnt man einen kulinarischen Stadtrundgang so wie ich im beliebten Wohnviertel Westend …

Süße Kunst im Kleinformat

… mit einer perfekt angerichteten Etagere, darauf ein zartes Bio-Ei und eine Mini-Gemüsequiche, die nach Oliven schmeckt. Dann noch eine Brioche, so herrlich buttrig, dass ich keine Butter mehr dazu brauche. Und schließlich kommt die eigentliche Spezialität des »Tarte und Törtchen«: Mini-Back-Kunstwerke wie »Flamingo« (Joghurt-Buttermilch- und Himbeer-Mousse, Nuss-Himbeer-Boden, Himbeer-Spiegel) oder »Wiener Walzer« (Sacherböden, Karamell-Aprikosen, Schokoladenmousse). Die Künstlerin in dieser Patisserie heißt Aline John, und dass sie bei der Auswahl der Zutaten streng ist, schmeckt man. Sie zeigt mir ihre Backstube gleich nebenan, wo gerade »Bermuda«, eine Kreation aus Mango- und Maracuja-Mousse und Limettenchip, zubereitet wird. Schön süß-sauer, aber jetzt brauche ich noch einen Kaffee!

Was die Bohne alles kann

Ich spaziere zum Eckcafé »Mókuska« (ungarisch für Eichhörnchen), wo es fast ausschließlich Kaffee gibt, und zwar aus der eigenen Rösterei. Die Hausmischung trinke ich mit Sojamilch, in einer zweiten Maschine wird ein wöchentlich wechselndes Kaffee-Special angeboten. Gebäck und Limonaden gibt es auch – sowie zwei besondere Tees, für die ich länger bleibe, weil ich sie unbedingt probieren möchte, denn sie werden aus Kaffeeblättern und Kaffeekirschen gebrüht. Die Blätter schmecken ähnlich wie grüner Tee, die Kirschen fruchtig-herb. Dass Kaffee eine Frucht ist: Hier wird mir das zum ersten Mal so richtig klar.

FOTOS: STAATSGALERIE STUTTGART, PIETER-PAN RUPPRECHT (3)

1

2

3

7

Deftig, rauchig, süß-salzig

1 Für diesen stadtweit beliebten Döner mit Grillgemüse steht man im »Alaturka« Schlange **2+3** Gefärbt mit Aktivkohle: Bei »Claus Eismanuktur« sind die Eiswaffeln schwarz und die Sorten ausgefallen **4+5** Schlicht und einfach gut: Der Braten mit Spätzle hat in der »Kochenbas« schon Generationen von Stammgästen geschmeckt **6+7** Das »Jigger & Spoon« zog im Herbst 2017 in einen ehemaligen Bank-Tresorraum ein. Der orangene Drink ist eine Sonder-Kreation für die Autorin

4

6

5

Einmal alles bei den Yogurtcus

Zum Lunch gibt es das Kontrastprogramm in der »Metzgerei«, die bis vor wenigen Jahren war, was der Name sagt, und jetzt serviert, was der Name verspricht: sehr viel gutes Fleisch. Aber lange nicht nur. Die Karte ist so voll wie der äußerst beliebte Laden am ebenso beliebten Bismarckplatz. Es gibt opulente Frühstücksvarianten, abends eine große Steak-Auswahl, aber auch Vegetarisches oder Veganes, sonntagnachmittags Braten, eine gut gefüllte Bar. »Und mittags«, so Chef Yilmaz Yogurtcu, der den Laden mit seiner Frau schmeißt, »kochen wir querbeet durch die Welt.« Ich bin bei so einem großem Angebot immer skeptisch. Aber mein Salat mit orientalischen Hackbällchen, Hummus, Datteln und gegrillter Spitzpaprika schmeckt sehr gut – und obwohl hier jeder Platz besetzt ist, kommt kein Stress auf.

Alte Schule in der Markthalle

Ich verlasse das Westend, denn jetzt sind Zunge und Augen sich einig: kein Stuttgart-Besuch, ohne mindestens einmal durch die mehr als hundert Jahre alte Markthalle zu laufen. Erst mal lasse ich die Augen genießen: die Farbenpracht von makellosen Früchten aus aller Welt, frisch und getrocknet, die Fülle von Schinken in allen Nuancen aus Spanien und Italien, Schokoladen der »Confiserie Gmeiner«. Wenn hier ein Händler seinen Platz frei macht, ist die Bewerberliste lang. Erst seit ein paar Jahren dabei ist der »Bäcker Baier«, der aber gar nicht jung ist, den Betrieb gibt es schon mehr als 180 Jahre. Sein Korn wird extra angebaut, seine Brote sind frei von Zusatzstoffen und sein »Osterweckle« schmeckt fast wie italienischer Panettone – mit Mandelkruste. Ein alter Hallen-Hase ist dagegen der Grieche »Onur Veizoglou«. Zaziki, Aufstriche mit Thunfisch, Paprika, Chili und Honigsenf, dazu israelische Datteln und türkische Feigen – ein mediterranes Gaumenfest!

Anatolisches Gold

Von Griechenland nach Anatolien! Die Gastro-Szene spiegelt die Vielfältigkeit der Stuttgarter wider, von denen fast jeder zweite ausländische Wurzeln hat. Eine der beliebtesten Küchen ist klein und schlicht: Yüksel Dogan schaufelt in seinem »Alaturka« im Akkord duftende Brote aus dem Ofen, die mit Fleisch, gegrilltem Gemüse, Salat und Saucen gefüllt werden – während die Schlange nicht eine Minute abreißt. Ich kann mich nicht erinnern, je in einem so gemütlichen Imbiss gesessen und je so köstliche gegrillte Aubergine gegessen zu haben – saftig, mit leicht knackiger Kruste.

Heiße Eisliebe

Das Deli »Claus Eismanufaktur« ist perfekt als Hangout vor dem Abend: riesige Fenster, hohe Decken, schlichte graue Wände, viel Holz. Ruckzuck bekomme ich eine schwarze Waffel (gefärbt mit Aktivkohle, geschmacklich wie die normalen) mit zwei Spezialitäten des Hauses in die Hand: je eine Kugel Salz-Karamell und Erdbeer-Minze. Dazu erzählt mir Julian Schaber die Geschichte des jungen Lokals: Es begann mit einem Bulli, aus dem sein Bruder Tim und sein Freund Claudio Estasi selbst gemachtes Eis verkauften – so viel, dass sie bald einen Laden suchten und einen fanden, der für eine Eisdiele zu groß war. Also holten sie zwei Köche dazu: Julian und seinen Freund Manuel. Nun gibt es auch Frühstück, Salate und dicke Waffeln. Ich verabschiede mich mit der Bitte: »Kommt bald nach Hamburg!«

Ein Klassiker, der alles richtig macht

Um die 200 Jahre alt und schon immer ein Ort zum Zusammenrücken, Weintrinken und Essen ist die »Kochenbas« am Hang – eine richtige Stuttgarter Weinstube, die ebenso aus der Zeit gefallen wie gemütlich ist. Neu hinzu kommt ab und zu nur ein Foto in der Galerie verstorbener Stammgäste. Und die eine oder andere Anekdote, wie die, dass nur Gerhard Schröder (als Bundeskanzler) hier einen Tisch für sich allein bekam. Oder dass an den zusammengewürfelten Tischen schon diverse Ehen entstanden sind. Zum hellroten Trollinger gibt es Linsen mit perfekter Essignote, handgeschabte Spätzle und Saitenwürste. Und der Lendenbraten ist so zart, dass man kein Messer zum Essen braucht. Danach ein Obstler – dann möchte ich hier eigentlich nicht mehr weg.

Mezcal hinter Gittern

Aber noch lieber möchte ich ins »Jigger & Spoon«, in die Bar beim Hospitalhof, der für mich, nebenbei bemerkt, eine der Architekturperlen der Stadt ist. Gebäude und Klingel der Bar sind dagegen unscheinbar, getrunken wird im ehemaligen Tresorraum einer Bank. Ein Jahr lang hätten sie umgebaut, erzählt Eric Bergmann, einer der Chefs. »Nur die Gitter und die Tresortüren sind noch original.« Viele meinen, die Karte sei zu klein, sagt er, als er mich blättern sieht. »Ich sage: Rede mit uns. Wir machen fast alles.« Na gut. Ich bestelle: »Nicht zu süß, gern ein wenig bitter, es darf prickeln, und ich mag rauchigen Whisky.« Fünf Minuten später steht ein Getränk in meiner Lieblingsfarbe Orange vor mir. Schmeckt wie gewünscht. Eric zieht eine Flasche Mezcal hervor: Der macht den rauchigen Geschmack, Aperol die Farbe, dazu kommen irischer Honiglikör und Champagner. Was für ein Finale!

ADRESSEN

Tarte und Törtchen
Gutbrodstr. 1
tarteundtoertchen.de

Mókuska Caffè
Johannesstr. 34
mokuska-caffe.de

Metzgerei
Elisabethenstr. 30
metzgereistuttgart.de

Markthalle
Dorotheenstr. 4
markthalle-stuttgart.de

Alaturka
Olgastr. 75
facebook.com/alaturkastuttgart

Claus Eismanufaktur & Deli
Tübinger Str. 41-43
claus-stuttgart.de

Kochenbas
Immenhofer Str. 33
kochenbas.de

Jigger & Spoon
Gymnasiumstr. 33
jiggerandspoon.de

FOTOS: PIETER-PAN RUPPRECHT (7)

Top 5

1 STUTTGARTER BALLETT

STUTTGARTER BALLETT Es ist eine sehr innige Liebe, die Stuttgarter verehren die Tänzer und Choreographen ihres Balletts. Und nicht nur sie, das Haus genießt Weltruhm. Den Grundstein dafür legte John Cranko, ein Magier des Tanzes, der von 1961 bis zu seinem Tod 1973 Ballettdirektor war. Ende der 60er Jahre trat er mit seiner Truppe in der Metropolitan Opera in New York auf, das Publikum dort war euphorisiert. Vom »Stuttgart ballet miracle«, vom Stuttgarter Ballettwunder, schwärmte der Tanzkritiker Clive Barnes. Und es wird noch besser: Das Ballett ist ein Teil von Europas größtem Drei-Sparten-Haus. Dazu gehören ebenfalls das Schauspiel Stuttgart sowie die Staatsoper, die mehrmals zum »Opernhaus des Jahres« gekürt wurde.

Oberer Schlossgarten 6
stuttgarter-ballett.de, schauspiel-stuttgart.de, staatsoper-stuttgart.de

2 WEISSENHOFSIEDLUNG

WEISSENHOFSIEDLUNG Max und Bruno Taut, Walter Gropius, Ludwig Mies van der Rohe, Le Corbusier und Peter Behrens: Sie alle bauten 1927 am Hang des Killesberges an diesem zu seiner Zeit visionären Ensemble mit. Elf der Häuser haben den Krieg überdauert, zwei davon gehören zum UNESCO-Welterbe: die von Le Corbusier. Sein damals revolutionäres Doppelhaus ist heute ein Museum, die rechte Hälfte wurde so wiederhergestellt, wie der Architekt sie 1927 konzipiert hatte. In der linken erzählt eine Ausstellung die Geschichte der Siedlung.

Rathenaustr. 1, weissenhofmuseum.de

3 STAATSGALERIE

STAATSGALERIE Die Neue Staatsgalerie, eine Ikone der Postmoderne, ist der auffällige Teil des mit Meisterwerken gespickten Museums – die Alte Staatsgalerie nebenan ist innen aber ebenso sehenswert. Jerg Ratgebs Herrenberger Altar, Caspar David Friedrich, Picasso, Cézanne, Baselitz: Beide Häuser zeigen eine enorme Bandbreite. Highlight sind die Kostüme, die der Bauhaus-Meister Oskar Schlemmer für sein legendäres »Triadisches Ballett« anfertigte.

Konrad-Adenauer-Str. 30-32
staatsgalerie.de

4 MERCEDES-BENZ MUSEUM

MERCEDES-BENZ MUSEUM Weltbewegend im wahrsten Sinne des Wortes: Wie die Geschichte des Automobils in Stuttgart begann und wie es den Planeten verändert hat, das zeigt dieses Museum sehr anschaulich. Der niederländische Architekt Ben van Berkel schuf dafür den Rahmen, die riesige Eingangshalle aus Sichtbeton erscheint wie eine Kathedrale. Mit einem Aufzug fahren die Besucher bis unters Dach, dann laufen sie wie in einer Doppelhelix nach unten. Die Exponate veranschaulichen den Wandel der Zeit, von Gottlieb Daimlers Motorkutsche von 1886 bis hin zu den neuesten Elektro-Modellen, und werden dabei in Bezug gesetzt zu weltgeschichtlichen Ereignissen.

Mercedesstr. 100
mercedes-benz.com

5 BREUNINGER

BREUNINGER Dieses Haus ist sehr viel mehr als ein Kaufhaus, es ist ein Stück deutsche Wirtschaftsgeschichte. Unter Eduard Breuninger wurde das Unternehmen 1881 gegründet, innovativ blieb es bis heute. Selbst wer nicht einkauft: Der Ladenkomplex mit 42 000 Quadratmeter Verkaufsfläche ist eine Schau – vor allem die Schuhabteilung im Tiefparterre! Unbedingt in eine Shopping- oder Besichtigungstour einbauen sollte man die hauseigene Confiserie.

Marktstr. 1-3, e-breuninger.de

FOTO: GERALD HÄNEL

©Ulmer Münster, Stadtarchiv Ulm
Turmhoch überlegen.
Städteurlaub
auf der Schwäbischen Alb.
AlbCard
staedteperlen-alb.de

48 STUNDEN IN Kempten

Der Musiker Rainer von Vielen schwärmt für seine Heimatstadt. Mit 70 000 Einwohnern ist Kempten die größte Stadt im Allgäu, weltoffen und gemütlich zugleich. Seine Tipps für ein Wochenende: das alte Cambodunum besuchen und neue Künstler entdecken

Rainer von Vielen, *geboren 1977 in Kempten, studierte an der Filmakademie in Ludwigsburg, ging anschließend aber nicht wie so viele seiner Kollegen nach Berlin, sondern kehrte zurück ins Allgäu. Der Sänger und Musiker ist Mitglied der nach ihm benannten Alternative-Band »Rainer von Vielen« sowie der Weltmusik-Percussion-Gruppe »Orange«. Darüber hinaus schreibt er Film- und Theatermusik. Mehr Infos: rainervonvielen.de*

Kempten wohnt ein großes Versprechen inne. Es ist dieser Kontrast aus städtischem Leben in guter Gesellschaft und stiller Natur, welche sich direkt vor den Augen zu den Allgäuer Alpen aufschwingt. Dass ich hier aufgewachsen bin, ist für mich ein Privileg. Auch wenn ich kein Bergsteiger bin, genieße ich es heute, fast alpin zu wohnen – auf einem ehemaligen Bauernhof, zu dem man bei Schneefall oft nur auf ziemlich abenteuerliche Weise gelangt. Es tut mir gut, wenn ich nach Konzerten zurückkomme in die Abgeschiedenheit des Allgäus. Mit 70 000 Einwohnern ist Kempten so überschaubar, dass man zumindest in seinem Metier jeden kennt und nicht ständig bei null anfangen muss. Dadurch entwickeln sich langjährige Freundschaften, und das war auch einer der Gründe dafür, warum ich nach dem Studium in Ludwigsburg nicht wie so viele Musiker nach Berlin gegangen bin, sondern zurück in die Heimat.

Kempten rotiert quasi um den **Wochenmarkt,** das soziale Herz der Stadt und der logische Startpunkt jedes Rundgangs. Mittwochs und samstags kommen hier am Hildegardplatz all jene zusammen, die Lust auf Gesellschaft haben. Dann trinke ich gerne einen Kaffee mit Hafermilch am Stand von Robert. Nicht wegzudenken vom Wochenmarkt ist der Kässpatzenstand. Dort geht es oft zu wie am Münchner Stachus – schließlich handelt es sich um die Spezialität des Allgäus schlechthin, die bei Einheimischen genauso beliebt ist wie bei Touristen. Ganz in der Nähe befindet sich das **Musikhaus Rimmel.** Dort habe ich mir als Jugendlicher regelmäßig Mundharmonikas zugelegt. Vor ein paar Jahren habe ich angefangen, sie wieder in meine Musik zu integrieren. Musiker lassen sich ja nie gerne in Schubladen stecken, aber unsere Band ist am liebsten gleich die ganze Kommode. Jeder unserer Songs kann in eine andere Richtung gehen, sich stilistisch frei entwickeln.

Den Gegenpol zum quirligen Treiben auf dem Wochenmarkt bildet der St.-Mang-Platz. Neben dem Rathausplatz bietet er die weitläufigste Freifläche der Altstadt und hat mit den alten Patrizierhäusern ein bisschen südeuropäisches Flair. Hier hole ich mir gerne eine der leckeren Kaffeekreationen in der **Kara Brew Bar,** setze mich auf eine Bank und schaue meinen Kindern beim Spielen zu. Wer mehr über die 2000-jährige Stadtgeschichte Kemptens erfahren möchte, sollte ins **Kempten-Museum im Zumsteinhaus** gehen. Es wurde 2019 eröffnet und ein Jahr später als bestes Heimatmuseum ausgezeichnet, und der Eintritt ist sogar kostenlos. Kempten ist eine der ältesten Städte Deutschlands und hatte seine Blütezeit während der römischen Eroberung des Alpenvorlandes im 1. und 2. Jahrhundert

FOTOS: IRIS HARTMANN, MANUEL SCHÖNFELD/ADOBE STOCK, ANNA MUTTER, BENNY KASPER

1 Altes Ufer Die Iller fließt durch das historische Zentrum – die St.-Mang-Kirche etwa liegt nur einen Steinwurf vom Wasser entfernt **2 Altes Haus** Das Theater in Kempten wird seit dem 17. Jahrhundert für Aufführungen genutzt, erst 2007 wurde es renoviert. Im Sommer wird auch eine Freiluftbühne bespielt **3 Alter Brauch** Der Viehscheid ist ein Fixpunkt im Allgäuer Kalender, das Tragen von Lederhosen oder Dirndln sei aber alles andere als ein Muss, sagt Rainer von Vielen

Hier spielt die Musik! Der Wochenmarkt neben der Residenz ist Kemptens großer Treffpunkt. Gleich um die Ecke liegt das Musikhaus Rimmel

nach Christus. So richtig anschaulich wird die Vergangenheit im **Archäologischen Park Cambodunum** rechts der Iller, in dem man durch das einstige römische Zentrum Kemptens schlendern kann.

Ein anderer Ort mit langer Historie ist die **Burghalde** – mein persönlicher Lieblingsplatz. Mitten in der Altstadt führen unter Bäumen einige Stufen auf den Hügel, vom St.-Mang-Platz sind es hierher nur fünf Minuten zu Fuß. Oben ist es so ruhig, der Blick reicht über die Stadt, und man holt tief Luft. Hier kann man gemütlich im Biergarten der Burgschenke sitzen. Im Sommer veranstaltet das **Theater in Kempten** auch Konzerte auf der Freilichtbühne, was bei der Kulisse eine feine Sache ist. Ich finde, dass unsere Künstlerszene im Verhältnis zu anderen Städten zwar überschaubar ist, aber sehr aktiv. Der Kunstverein »Artig« bringt zum Beispiel immer wieder tolle Ausstellungen in die **Galerie Kunstreich,** und der Kleinkunst-Verein Klecks organisiert den **Jazzfrühling und APC Sommer.**

Am Fuß der Burghalde liegt der denkmalgeschützte **Ritterkeller,** eine Kulturinstanz in Kempten. Seit 1985 stellt Hanspeter Hold ein Programm jenseits von bayerischer Volksmusik auf die Beine und schafft einen Ort für Alternative Rock und Indie-Musik. Wo ich auch heute noch regelmäßig hingehe, ist das **Künstlerhaus.** Oft werden solche Locations aus der Altstadt verbannt, weil sie zu laut oder zu wild sind. Nicht so in Kempten, dieses Zentrum für Jugendkultur liegt hier direkt in der Fußgängerzone. Für mich ist es ein wichtiger Dreh- und Angelpunkt meines Schaffens und der Szenetreff schlechthin, ob auf einen Kaffee oder auf ein Bier am Abend.

Ich empfinde meine Stadt als ziemlich weltoffen, mit dem als etwas griesgrämig und verstockt geltenden Allgäuer Menschenschlag hat sie wenig zu tun. Die Kemptener haben in meinem persönlichen Deutschland-Vergleich ein recht sonniges Gemüt. Wobei dem Allgäuer auch ein Hang zum Understatement nachgesagt wird, was in meinen Augen durchaus zutrifft. Die Stadt ist kein Laufsteg, auf dem man seine Statussymbole zur Schau trägt. Besucher tun gut daran, sich während der **Allgäuer Festwoche** nicht unbedingt in Dirndl und Lederhosn zu quetschen. Das gilt auch auf dem **Viehscheid:** Im Umland von Kempten, das man gut am zweiten Tag erkunden kann, gibt es im Herbst viele Alpabtriebe. Nach dem Sommer in den Bergen kommen die Kühe zurück ins Tal, festlich geschmückt, mit volksmusikalischer Begleitung und jeder Menge Bier. Wer danach – oder auch den Rest des Jahres über – eine Erfrischung braucht, findet am **Rottachsee,** zwölf Kilometer südlich von Kempten, ein gemütliches Plätzchen.

Berge und Seen – dafür ist das Alpenvorland bekannt, und das macht Kempten zu dem, was es ist: eine charmante Stadt mit dörflichem Flair. Ein großes Versprechen.

Protokoll: Judith Beck

BAROCK 'N' ROLL

Als sie Mitte des 17. Jahrhunderts errichtet wurde, war die **Residenz** der Fürstäbte die erste barocke Klosteranlage Deutschlands. Ihr größter Schatz: die Prunkräume und der Thronsaal, die ihrerseits zu den bedeutendsten Bauwerken des frühen bayerischen Rokokos zählen. Am besten schließt man sich einer der ganzjährig stattfindenden Führungen an.

Residenzplatz 4-6
www.kempten.de

ADRESSEN

Wochenmarkt Kempten
Hildegardplatz
kempten.de

Musikhaus Rimmel
Poststr. 7
musikhausrimmel.de

Kara Brew Bar
St.-Mang-Platz 23, facebook.com/karabrewbarkempten

Kempten-Museum im Zumsteinhaus
Residenzplatz 31
kempten-museum.de

Archäologischer Park Cambodunum
apc-kempten.de

Theater in Kempten
Theaterstr. 4
theaterinkempten.de

Galerie Kunstreich
Schützenstr. 7
artig.st

Jazzfrühling und APC Sommer
klecks.de

Der Ritterkeller
Über'm Mäuerle 7
der-ritterkeller.de

Künstlerhaus
Beethovenstr. 2
kuenstlerhaus-kempten.de

Allgäuer Festwoche
festwoche.com

Viehscheid
allgaeu-viehscheid.de

Rottachsee, Sulzberg
allgaeuerseenland.de

Naturwellness Allgäu – Erholung im Einklang

Hey, ihr Baumumarmer*innen, ihr Kraftort-ucher*innen und Waldbadenden – schaut euch as mal an! Im Allgäu rollen wir euch einen be-onderen Teppich aus. Einen Teppich aus wei-hem Moos und kühlen Bachbetten, aus bunten Viesen und duftendem Heu. Wir halten Öle ereit und besondere Anwendungen, wir bieten uch Frische und Momente von schönster Klar-eit. Willkommen zur Naturwellness Allgäu. Er-olung im Einklang.

Seit uns Gäste besuchen, genießen sie unsere atur. Sie wandern durch Wälder, blicken an-ächtig auf die Berge, lauschen fasziniert in e Stille. Sie genießen eine Auszeit. Nah an er Natur. Ganz bei sich. Für die Naturwellness llgäu fokussieren wir auf die Heilkraft unserer atur. Wir zeigen euch Orte, an denen diese be-ondere Magie spürbar ist. Und Hotels, die eine erbindung leben zwischen Innen und Außen:

Naturbad. Es gibt mehr als 50 Badeseen im Allgäu. Der Schwansee liegt nahe den Königs-schlössern – und ist doch ein Geheimtipp mit glitzerndem Wasser. Ein See, perfekt für ein Bad im Sommer. Oder für einen besinnlichen Steg-Moment.

Naturwald. Bayern ist zu mehr als einem Drittel von Forsten bedeckt. Im Allgäu aber gibt es noch viel Urwald. Zum Beispiel das Natur-waldreservat Achrain bei Oberstaufen. Hier darf man allerdings nur ausgewählte Bäume herzen.

Naturkraft. Seit Generationen vertrauen wir im Allgäu auf die Heilkraft der Kräuter, wir ma-chen daraus Tees und Salben, wir lieben ihren Duft und die feine Würze. Es ist das Aroma der Heimat.

Naturgenuss. Bei uns gibt es sie noch, die Bauern, die ihre Tiere beim Namen kennen. Die Käsereien, die mit Leidenschaft den Geschmack einer Region herausarbeiten. Und die Restau-rants, in denen mit Hingabe gekochte Menüs auf den Punkt bringen, was unsere Welt ausmacht.

Das sind nur einige wenige Beispiele für einen neuen Trend, der eigentlich eine Rückbesinnung ist. Wir überwinden Grenzen, wir erleben die heilende Kraft des Draußenseins auch im Innen. Wir leben den Respekt. Erholung im Einklang.

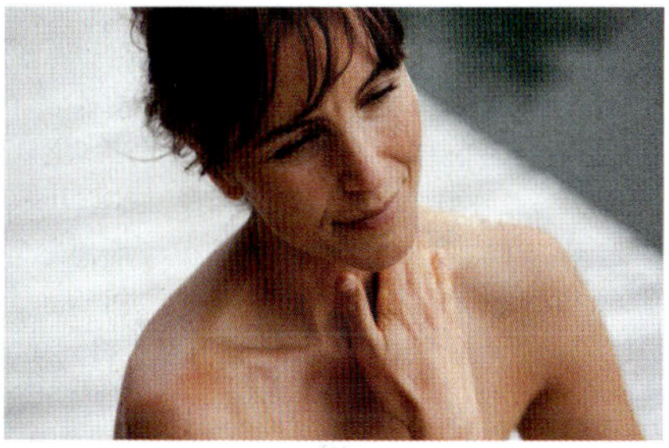

Wissenschaftler haben nachgewiesen,
dass ein Waldspaziergang mehr als gut tut.
Dass frische Luft nicht nur zum Atmen ist.
Die Natur bietet uns nicht nur Muße, sondern
ist auch Muse. Man muss es nur zulassen.
Naturwellness Allgäu. Erholung im Einklang.
naturwellness.allgaeu.de

Punkte für **Flensburg**

Warum, fragt sich unsere Kolumnistin, schwärmt so selten jemand für diese helle Schönheit im Norden? Sie selbst hat sich schockverliebt in diese Stadt mit ihren bunten Fassaden, verwunschenen Höfen und Stränden, vor denen Schweinswale durch die Ostsee ziehen

ILLUSTRATION **P.M.HOFFMANN**

Wir waren nur auf der Durchreise. Auf einer Fahrt nach Dänemark nahmen wir die Ausfahrt Flensburg. Wir wollten schnell etwas essen, uns ein bisschen umsehen und dann weiterfahren. Den Wagen parkten wir am Hafen und gingen in die Altstadt. Sonnengelb, himmelblau, tomatenrot strahlten uns die Häuser an. Hinter den Toreinfahrten öffneten sich mit Kletterrosen bepflanzte Hinterhöfe. Aus einem Café kam Vanilleduft wie nach ofenwarmem Kuchen. Zwischen den Häusern blitzte die Ostsee auf. Aber wir waren nur auf der Durchreise. Wie konnte es sein, fragte ich mich, dass mir mein ganzes Leben lang entgangen war, wie schön Flensburg ist? Warum hatte mir nie jemand gesagt: Übrigens, du musst unbedingt mal nach Flensburg fahren! A7 Richtung Flensburg – nur auf Autobahnschildern und im Verkehrsfunk hatte ich die Stadt bisher wahrgenommen.

Doch jetzt, endlich, weiß ich es besser: Flensburg macht glücklich – es ist so. Für die Flensburger Förde sagt der Wetterbericht Wind und Sprühregen an, und dann scheint den ganzen Tag die Sonne. So fühlte es sich zumindest an, während der Woche, die ich diesen Sommer in der Stadt verbracht habe. An einer Hausmauer leuchtete auf hellblauem Untergrund ein Regenbogen. »Woher du auch kommst, woran du auch glaubst, welches Geschlecht du hast, wie jung oder wie alt du bist, wen du auch liebst – Flensburg liebt dich. So wie du bist!«, steht in großen Buchstaben daneben. Wer möchte nicht so empfangen werden?

Wenn ich einen Ort mag, öffne ich mein Herz sehr schnell sehr weit. Ich denke nicht an die nächste Reise, sondern muss mir sofort vorstellen, wie es wäre dort zu leben. Ich schaue mich in den Straßen um und beginne zu planen, wo ich wohnen würde – lieber am Hafen oder am Park, in diesem oder jenem Viertel? Ich sehe mich bereits beim Bäcker in der Schlange stehen und gehe eine Checkliste der Bedürfnisse durch: Kino, Theater, Buchladen, Café, alles da. Dann folgt die Recherche im Immobilienportal, um mir einen Überblick zu verschaffen, ob es hoffnungslos ist (wie in Hamburg) – oder ob da noch Luft zum Träumen bleibt.

Eine dieser Straßen, in denen ich in Gedanken ein Zimmer einrichte, in einem ihrer leuchtend bunten Häuser, heißt Mariengade. Dänemark ist nicht weit, nein, eigentlich ist es schon hier, oder genauer: schon lange hier gewesen. 1240 wurde Flensborg das erste Mal

An dieser Stelle schreiben unsere Kolumnistinnen und Kolumnisten in unregelmäßiger Folge über die Welt und wie sie ihnen begegnet. Diesmal die Schriftstellerin **Kristine Bilkau,** *sie lebt in Hamburg – noch zumindest, denn sie träumt von einem Häuschen in Flensburgs Mariengade.*

urkundlich erwähnt, als Handelsstadt des Königreichs Dänemark. Der genaue Verlauf der Grenze wurde in den Jahrhunderten darauf mehrmals neu verhandelt, mal mit Kampf, mal mit Diplomatie. 1920 entschieden sich die Flensburger, anders als die Nordschleswiger, bei einem Volksentscheid für die Zugehörigkeit zu Deutschland. Im Frühjahr 1945 wurde die Stadt zum Fluchtort vieler Nationalsozialisten, die erst eine neue Regierung gründen und dann, nach Kriegsende, schnell untertauchen wollten. Gleichzeitig wünschten sich drei Viertel der Flensburger Bevölkerung, sie könnten jetzt wieder dänisch sein.

Bei meinem Spaziergang durch die Mariengade komme ich an ein hübsches altes Haus mit großem Vorgarten, Det Lille Teater Flensborg. Der Aushang zum Programm ist auf Dänisch geschrieben. Weiter führt mein Weg zur Norderstraße, zur Danske Centralbibliothek, und einen kurzen Fußweg entfernt, entdecke ich »Migge's Danish Bakery«, es gibt frische Kanelsnegle, Zimtschnecken. Wenn es um Kultur, die Sprachen und die Geschichten der Menschen in Grenzregionen geht, gibt es diese Grenzen eigentlich nicht. Zwei Länder berühren und verbinden sich. Flensburg, mit seiner Altstadt, dem Hafen, den Stränden (zu denen komme ich gleich!) wirkt wie ein kleines Kopenhagen. Selbst beim alltäglichen Einkauf in einem Supermarkt bleibt das Gefühl: Die Preise in den Regalen sind in Euro und Kronen ausgewiesen.

Flensburg, das ist auch eine Stadt der Innenhöfe. Innenhöfe regen mein Gehirn an, Endorphine zu produzieren, ich bin sofort voller Energie und will sie alle erkunden, den Krusehof, den Braaschhof, den Hof des Schifffahrtsmuseums. Sie sind herausgeputzt, mit kleinen Gärten und Cafés, hier eine Kaffeerösterei, dort ein Marzipanladen. Und dann sind da noch die weniger herausgeputzten Höfe, ein bisschen verwunschen, mit bröckelndem Putz. »Musikpalast, Finest in Records since 1989«, entdecke ich einen Secondhand-Plattenladen in einem Hinterhaus.

Der Himmel ist nun wolkenlos, eigentlich ist Strandwetter. Noch ein Stück weiter im Norden der Stadt befindet sich das »Ostseebad«, ein Strand, dahinter etwas Wald und eine Wohngegend mit kleinen Villen, einige weiß gestrichen. Am Strandbad steht ein Kiosk, es gibt Pommes und Cola, Eis und weiße Schaummäuse. Ein Grüppchen älterer Frauen steigt langsam die Leiter des Badestegs ins Wasser. Die Frauen lachen vor Euphorie – 14,2 Grad steht mit Kreide auf einer Tafel am Steg. Auf einmal taucht aus dem tiefen Blau etwas auf. »Ah, ein Kormoran«, sagt jemand. Da, wieder taucht es auf. Ein grauer glänzender Rücken und eine Flosse sind zu sehen. Kein Kormoran, es ist ein Schweinswal, sogar mehrere. Sie ziehen ihre Bahnen, hin und her, in Bögen um den Steg. Ich klettere ins Wasser, schwimme die ersten Züge und sehe ein Stück weit von mir entfernt kurz den Rücken und die Flosse. Tatsächlich, ich schwimme mit Schweinswalen, die Sonne scheint – und ich denke wieder: Wie ist es möglich, dass es mir nie jemand gesagt hat? »Fahr' nach Flensburg, es ist unglaublich schön dort!« ■

MERIAN

ERSCHEINT IM

JAHRESZEITEN VERLAG

EIN UNTERNEHMEN DER GANSKE VERLAGSGRUPPE

Chefredakteur	Hansjörg Falz
Stellvertretende Chefredakteurin	Kathrin Sander
Art Direction	Isa Johannsen
Chefin vom Dienst	Jasmin Wolf
Redaktion	Tinka Dippel, Kalle Harberg, Jonas Morgenthaler, Stefanie Plarre, Inka Schmeling; Mitarbeit: Ricarda Müterthies (Praktikantin)
Bildredaktion	Violetta Bismor, Tanja Foley, Katharina Oesten (Leitung)
Layout	Inke Cron, Lena Glauche (stellv. AD, in Elternzeit), Tanja Schmidt
Redaktionsmanagement	Bodo Drazba (Ltg.)
www.merian.de	Jasmin Deiter
Assistenz der Chefredaktion	Lina Malin Lilischkis
Konzeption dieser Ausgabe	Kalle Harberg (Text), Katharina Oesten (Bild)
Autoren	Antonia Baum, Kristine Bilkau, Dennis Gastmann, Finn-Ole Heinrich, Thomas Pletzinger, Till Raether, Saša Stanišić, Ilija Trojanow, Hans Zippert
Verantwortlich für den red. Inhalt	Hansjörg Falz

Geschäftsführung	Thomas Ganske, Sebastian Ganske, Heiko Gregor (CEO), Peter Rensmann
Brand Owner/Verlagsleitung	Oliver Voß
Head of Editorial Operations	Bartosz Plaksa
Gesamtvertriebsleitung	Jörg-Michael Westerkamp (Zeitschriftenhandel), Thomas Voigtländer (Buchhandel)
Abovertriebsleitung	Christa Balcke
Leitung Leserreisen	Oliver Voß
Head of Sales	Helma Spieker (verantwortlich für Anzeigen), Tel. 040 2717-0
Senior Brand Manager	Henning Meyer, Tel. 040 2717-2496
Anzeigenstruktur	Corinna Plambeck-Rose, Tel. 040 2717-2237
Marketing Consultant	Alexander Grzegorzewski
Ihre Ansprechpartner vor Ort:	
Region Nord	Jörg Slama, Tel. +49 40 22859 2992, joerg.slama@jalag.de
Region West/Mitte	Michael Thiemann, Tel. +49 40 22859 2996, michael.thiemann@jalag.de
Region Südwest	Marco Janssen, Tel. +49 40 22859 2997, marco.janssen@jalag.de
Region Süd	Andrea Tappert, Tel. +49 40 22859 2998, andrea.tappert@jalag.de
Repräsentanzen Ausland:	
Belgien/Niederlande/Luxemburg	Mediawire International, Tel. +31 651 480108, info@mediawire.nl
Frankreich/Monaco	Media Embassy International, Tel. +33 (0)6 03 92 09 15, info@media-embassy.fr
Großbritannien/Irland	Mercury Publicity Ltd., Tel. +44 7798 665 395, stefanie@mercury-publicity.com
Italien	Media & Service International Srl, Tel. +39 02 48 00 61 93, info@it-mediaservice.com
Österreich	Michael Thiemann, Tel. +49 40 22859 2996, michael.thiemann@jalag.de
Schweiz/Liechtenstein	Goldbach Publishing AG, Tel. +41 (0) 76 468 83 13, eva.favre@goldbach.com
Skandinavien	International Media Sales, Tel. +47 55 92 51 92, fgisdahl@mediasales.no
Spanien/Portugal	The International Media House, Tel. +34 91 7023484, administracion@theinternationalmediahouse.com

Die Premium Magazin Gruppe im Jahreszeiten Verlag
Gültige Anzeigenpreisliste: Nr. 10
Heft 11/2021 – City-Trips in Deutschland. Erstverkaufstag dieser Ausgabe ist der 28.10.2021. Redaktionsschluss: 24.09.2021
MERIAN erscheint monatlich im Jahreszeiten Verlag GmbH, Harvestehuder Weg 42, 20149 Hamburg, Tel. 040 2717-0
Redaktion Tel. 040 2717-2600, E-Mail: redaktion@merian.de Internet www.merian.de
Abonnementvertrieb und Abonnentenbetreuung DPV Deutscher Pressevertrieb GmbH, Tel. 040 2103-1371, Fax -1372, www.dpv.de, E-Mail: leserservice-jalag@dpv.de
Merian (USPS no 11458) is published monthly by JAHRESZEITEN-VERLAG GMBH. Known Office of Publication: Data Media (A division of Cover-All Computer Services Corp.), 2221 Kenmore Avenue, Suite 106, Buffalo, NY 14207-1306. Periodicals postage is paid at Buffalo, NY 14205. Postmaster: Send address changes to Merian, Data Media, P.O. Box 155, Buffalo. NY 14205-0155, E-Mail: service@roltek.com, Toll free: 1-877-776-5835
Vertrieb DPV Vertriebsservice GmbH, www.dpv-vertriebsservice.de
Litho K+R Medien GmbH, Darmstadt
Druck und Verarbeitung Walstead Kraków Sp. z o.o., Obrońców Modlina 11, 30-733 Krakau, Polen

EU Ecolabel PEFC

Jahresabonnementspreis im Inland 99 €, für Studenten 49,50 € (inklusive Zustellung frei Haus). Der Bezugspreis enthält 7 % Mehrwertsteuer. Auslandspreise auf Nachfrage. Führen in Lesemappen nur mit Genehmigung des Verlages. Printed in Germany, ISBN 978-3-8342-3325-7, ISSN 0026-0029, MERIAN (USPS No. 011-458) is published monthly by JAHRESZEITEN VERLAG GMBH.

Weitere Titel der JAHRESZEITEN VERLAG GmbH A&W ARCHITEKTUR & WOHNEN, CLEVER LEBEN, COUNTRY, DER FEINSCHMECKER, FOODIE, HOLIDAY, LAFER, MERIAN SCOUT, POLETTO, PRINZ, ROBB REPORT, SCHÖNER REISEN, WEIN GOURMET

DAS NÄCHSTE MERIAN ERSCHEINT IM HANDEL AB 25. NOVEMBER 2021

DIE SÄCHSISCHE SCHWEIZ mit Bastei und Lilienstein ist Station auf unserem innerdeutschen Round-the-World-Trip. Die Landschaft hat 8000 Kilometer entfernt einen optischen Zwilling in China

BRÜCKENSCHLÄGE mit Stil: die Seebrücke in Kellenhusen an der Lübecker Bucht zählt zu unseren Favoriten im Land

KOSTBARE SCHÄTZE präsentiert das Badische Landesmuseum im Thronsaal des Karlsruher Schlosses

DURCHATMEN UND LOSLAUFEN an der Hamburger Außenalster. Begeisterte Läufer empfehlen Strecken, die ihr Leben verändert haben

Unsere Lieblingsorte

DEUTSCHLAND INTERNATIONAL Eine Weltreise im eigenen Land
NATUR ERLEBEN Abenteuer vor der Haustür: die besten Touren
KULTUR OPEN AIR Berührende Kunstwerke im öffentlichen Raum
GROSSES KINO Wo Hollywood in Deutschland filmt

Haben Sie eine MERIAN-Ausgabe verpasst?
Bestellservice: Tel. (040) 2717-1110
E-Mail: sonderversand@jalag.de
oder online bestellen unter
www.merian.de
oder www.einzelheftbestellung.de
Abo bestellen:
Tel. (040) 21031371
E-Mail: leserservice-jalag@dpv.de
oder online unter
shop.jalag.de

Zuletzt erschienen:

Juni 2021

Juli 2021

August 2021

September 2021

Oktober 2021

In Vorbereitung:
Schwäbische Alb
Luxemburg & Esch-sur-Alzette
Welterbe in Sachsen-Anhalt

Hansjörg Falz, MERIAN-Chefredakteur

Liebe Leserin, lieber Leser,

wann haben Sie zuletzt eine Wochenendreise in eine andere Stadt unternommen? Einfach mal die Kulisse wechseln, durch andere Straßen bummeln, neue Restaurants entdecken. Bei Freunden, Kollegen und mir selbst nehme ich wahr, wie gut das tut und als welchen Luxus wir diese Art des Reisens empfinden nach Monaten, die von Beschränkungen geprägt waren.
In dieser Ausgabe stellen wir Ihnen zwölf City-Trips in ganz verschiedene deutsche Städte vor. Egal, ob großes Berlin oder kleines Kempten, Sie finden Tipps und Adressen für Ihr perfektes Wochenende. Wir möchten Sie inspirieren und Ihnen Lust darauf machen, es sich mal wieder richtig gut gehen zu lassen. In Leipzig, Dresden, Stuttgart, Frankfurt und Freiburg nehmen wir Sie mit zu den spannendsten kulinarischen Adressen. Zum einen, weil wir Reisen als ein Erlebnis für alle Sinne verstehen, zum anderen aber auch, weil es in unserem Land so viele engagierte und großartige Menschen in Gastronomie und Hotellerie gibt, denen die letzten knapp zwei Jahre schwer zugesetzt haben. Wir hoffen, dass unsere Lust zum Reisen auch ihnen zugute kommt.
Und falls Sie noch weitere Ziele kennenlernen möchten, empfehle ich Ihnen den MERIAN Podcast »Reisen beginnt im Kopf«. Jeden zweiten Freitag nehmen Sie meine Kolleginnen Kathrin Sander und Inka Schmeling dort mit auf einen Wochenendtrip zum Hören.
Genießen Sie Ihre nächste Auszeit!
Herzlich Ihr

Wir sind die Deutschland-Experten! Eine Auswahl an MERIAN-Heften über Städte, die auch in dieser Ausgabe vorkommen

REISEN BEGINNT IM KOPF MERIAN

Der MERIAN-Podcast nimmt Sie mit auf Wochenendtrips in Deutschland: Reiseinspiration zum Hören auf **merian.de** und bei allen gängigen Anbietern.

Folgen Sie uns auf merian.magazin bei Instagram. Oder begleiten Sie uns auf Facebook.

Readly Beim digitalen Zeitschriftenkiosk Readly können Sie diese und andere MERIAN-Ausgaben auf dem Tablet oder Smartphone lesen.

FOTO: VOLKER RENNER

HAMBURG Mit dem Hotel »Pierdrei« haben Frederik Braun (l.) und Sebastian Drechsler eine neue Top-Location geschaffen

Inhalt

DRESDEN Bitte zu Tisch! Unser Tipp zur Vorspeise: ein Tomaten-Mozzarella-Salat im »Genuss-Atelier«